AF196275

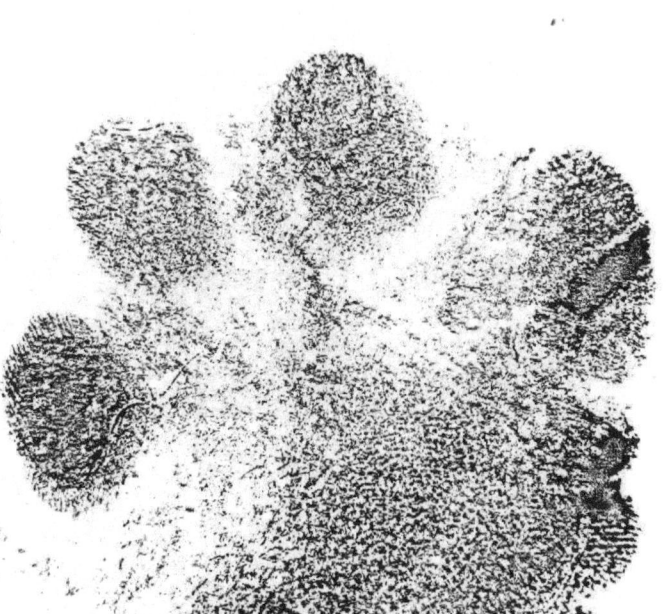

Die Autorin:

Regina Bartels, 1959 bei Hamburg geboren, ein Kind, zwei Enkelkinder, setzte sich immer schon für den Tierschutz ein. Tiere, im Besonderen Hunde, gehörten von Beginn an in und zu ihrem Leben.

Im November 2016 zogen bereits zwei Hunde aus Bulgarien ein. Als 2019 im Rahmen einer Undercover-Recherche der Skandal um ein Tierversuchslabor publik wurde, kämpften sie und ihr Ehemann gemeinsam mit vielen anderen um die Schließung dieses Instituts.

Bereits im Zuge dieses Kampfes versprachen sie sich, sofern es denn möglich sein würde, einen dieser Hunde bei sich aufzunehmen.

Der Beaglemann
… Ein Leben nach dem Labor

Regina Bartels

1. Auflage, 2020.

Herstellung und Verlag:

tredition GmbH

Halenreie 40-44

22359 Hamburg

978-3-347-09647-9 (Paperback)

978-3-347-09648-6 (Hardcover)

978-3-347-09649-3 (e-Book)

Vorwort:

Es begann alles im Oktober 2019, zum Zeitpunkt der ersten Demos gegen das Laboratory of Pharmacology and Toxicology (LPT), einem Tierversuchslabor in der Nähe von Hamburg, das wenige Wochen zuvor aufgrund der Undercover-Aufnahmen der SOKO Tierschutz in den Fokus geraten war. Hinter den Mauern dieses Labors wurden seit langer Zeit grauenvolle Tierversuche durchgeführt.

Wir unterstützten vom ersten Tag an diese Demos. Angefangen in Hamburg Neugraben, über die Hamburger Innenstadt, bis zum Matrosenplatz in Kiel. Plötzlich liefen wir skandierend durch die Straßen, bei jeder Demo ein wenig lauter.

Nun folgten die ersten Besuche im MM24/7 Camp in Mienenbüttel (Dauer-Mahnwache 24 Stunden/7 Tage). Daraus wurden dann Mahnwachen bei Wind und Wetter. Es war bitterkalt und wir hörten die Beagles in ihren Zwingern laut bellen und weinen. Wer das jemals gehört hat, wird es nie vergessen.

Im Geiste begrüßte ich immer die Hunde: „Jetzt bin ich hier, ich passe auf euch auf. Ihr seid nicht alleine!" Irgendwann, völlig durchgefroren und mit Warnweste am Straßenrand der Bundesstraße stehend, versprachen mein Mann und ich uns, einem dieser Hunde ein neues Leben zu schenken. Nach dem Motto, wo zwei satt werden, werden es auch drei!

Wir verbrachten sowohl Weihnachten als auch Silvester im Camp. Wir mussten es einfach. Im Januar ging alles sehr schnell. Die verbliebenen 96 von 176 Hunden kamen frei (Die Kapazität des Labors betrug 500 Hunde über einen Zeitraum von 60 Jahren).

Kurzentschlossen bewarben wir uns bei einem Laborbeagle-Vermittler um einen dieser Hunde.

Und dann kam Alf ...

Geboren hinter Gitterstäben.
Gefangen, um in Angst zu leben.
Ein Käfig kalt und leer.
Andere Hunde kommen und gehen,
ich habe oft den Tod gesehen.
Meine Seele und mein Herz
hielten aus schon großen Schmerz.
Fünf Jahre meines Lebens für die Forschung gelebt,
doch vergebens.
Meine Narben sind Geschichten,
doch wer soll davon berichten?
Nun bin ich frei und bin doch bange.
Das neue Leben kenn ich noch nicht lange.
Meine Welt wird täglich größer und auch heller.
Hier geht die Zeit viel schneller.
Ich brauche jetzt Vertrauen, Liebe
und Bestärkung in meinem Sein.
Das Rudel hat Geduld, gibt mir Schutz
und ich bin nie mehr allein.
Ich bin Alf, der Beaglemann!
Bin keine Nummer und kein Modell.
Tierversuche gehören abgeschafft, aber schnell!

Beaglemänner dürfen das ...

Kapitel 1: Der Eroberer

Hallo, ich bin der Alf und komme von einem fremden Planeten, Tierversuchslabor heißt der. Er ist kalt, schmerzhaft, voller Leid und Qual. Seit meiner Geburt vor fast fünf Jahren harre ich dort aus. Am 24. Januar 2020 wurde ich dort weggebeamt. Ich glaube, ich stand unter Drogen, hatte einen Schock oder war es ein Traum?

Plötzlich war ich in einer neuen, beängstigenden Welt. Uui, da war was los! Zwei große hässliche Hunde, sind ja keine Beagle! Menschen, die anders riechen und anders aussehen. Ich dachte, ich soll arbeiten, also hielt ich immer mein Beinchen hin. Dabei sah es hier nicht aus wie bei der Arbeit. Da musste die Frau Mensch weinen. Nee, nee, die können noch nicht arbeiten. Das üben wir aber noch ...
Die Menschen sagen, ich bin in Rente und brauch nie mehr arbeiten, und hier ist jetzt mein Zuhause. Na ja, mal sehen. Ich habe jetzt eine Familie, sagen sie. Mit Muddi, Papi, Geschwistern, Onkels, Tanten, Opa und noch viel mehr. Ohgoddogodd!

Dann hab ich einen Beagle hinter der Wand entdeckt. Was hab ich mich gefreut! Aber der Muddi-Mensch war auch hinter der Wand. Doppelgänger?
So bin ich in dieser fremden und doch schönen Welt angekommen. Allerdings verlangen die von mir auf so

nassen, weichen, komischen Boden zu laufen. Nöö, Fliesen sind besser!

Ach ja, ich bin schon 5 Jahre alt, wiege noch 16 kg und bin 36 cm hoch. Ich habe eine frische Narbe auf meinem Bauch, ganz lang, kuckt noch ein blauer Faden raus. Wenn meine Narbe am Bauch verheilt ist, wird alles besser.

Ich habe ja kaum Muskulatur. Meine Pfötchen sind ganz weich und ohne Schutz, meine Krallen lieblos gekürzt. Ich stinke aus allen Poren. Meine Exkremente noch viel schlimmer. Ich musste erstmal gebadet werden. Ich halte bei allem still und ertrage alles klaglos. Ich verschwinde einfach nach innen. Was erwartet mich hier, kann ich jemals alles verwinden? Die Muddi sagt, sie werden dafür sorgen, dass meine Vergangenheit verblasst und verschwindet. Mein Leben soll schön werden. Was ist schön?

Ganz liebe Grüße, Alf.

Die erste Nacht:

Unsere erste Nacht war ganz gut. Ich hab mit im Schlafzimmer geschlafen. Nicht im Bett. Das olle Schaffell fand ich sehr gemütlich. Darauf hab ich schön geratzt. Paarmal trappel, trappel durchs Schlafzimmer, aber ganz leise und ruhig.
Bis 8.00 Uhr hab ich durchgehalten. Draußen pieschern funktioniert noch nicht. Aber auf Wickelunterlagen vor der Terrassentür ... wird schon. Ach, kuscheln ist soo schön! Liebhalten, riechen und fühlen. Ich trainiere fleißig Treppen steigen. Geht ganz gut. Die Mädels können das ja auch! Ab und zu purzel ich ein paar Stufen runter. Is nich schlümm!
Abends hab ich draußen Pippi gemacht. Mann, was war die Muddi stolz! Ab und zu zicken die Mädels mich an, aber als echter Beaglemann geht mir das am Arsch vorbei!
So, das war Tag 2. Liebe Grüße von eurem Alf!

Der Muddi-Mensch sagt, ich schnarche wie ein Bär. Mein Körbchen steht am Kleiderschrank. Ab und zu hau ich dagegen. Dann poltert das. Leute, ich bin Frühaufsteher, muss ja zur Arbeit! Ab 6.00 Uhr bin ich munter. Trappel, trappel ... hat geklappt! Durfte mit ins Menschenbett. Um 8.00 Uhr dann raus aus den Federn.
Man braucht draußen Geduld bis ich piescher. Ist ja auch so kalt am Bauch und den Füßen. Tut mir auch noch weh von der Arbeit. Ich wimmer beim Pullern. Die Muddi ist dann ganz zart zu mir. Sie sagt, ich hatte sicherlich einen

Dauerkatheter liegen. Meine Haufen mach ich gleich draußen, allerdings nicht auf dem Rasen – Steine sind besser. Heute geht es auf zu neuen Abenteuern.
Bis später, euer Alf!

Sonntagabend und ich bin feddich! War ein harter Tag. Menno, ich sollte schon wieder spazieren gehen, aber das macht mir irgendwie noch Angst! Mein Revier hier rund um mein Körbchen finde ich schon ganz gut. Der Papi sagt, ich bin ein mutiger Junge! Heute waren auch neue Menschen da, alles Tanten und Onkel, keine Doktas zum Glück. Alle bringen Geschenke. Eine Glücksleine und jede Menge Leckereien. Die können die Mädels haben. Ich steh voll auf Hühnchen! Damit klappt sogar das „Körbchen" üben – pullern überlege ich mir noch!
Nachmittags bin ich mit dem Papi die ganze Straße runter. Mülltonnen und Autos sind nicht so unheimlich wie Bäume und Moos. Die Mami sagt, meine Augen werden blank. Ich hoffe, das ist was Gutes.
So, euch allen eine gute Nacht und bis morgen, euer Alf!

Heute ist Montag und endlich konnte ich früh aufstehen. Ich habe die ganze Nacht unten bei den anderen geschlafen. Der Papa ist um 5.30 Uhr runtergekommen. Mann, was hab ich mich gefreut! Echt, ich sollte raus im Regen. Nöö, ohne mich! Als dann die Mami um 7.30 Uhr runterkam, konnte ich mich schon wieder freuen mit paar Pipitropfen. Zack, wieder rausgeflogen! Die Muddi hinterher, sogar ohne Kaffee. Da hab ich mich lieber mit dem Pieschern beeilt. Tja, dann durfte ich endlich aufs Sofa ne Runde ratzen. Später wurde ich wieder rausgeworfen, aber nur mit Hetty. Die Muddi hat das Rüsselmonster durchs Haus gezogen. Hab es mir angekuckt. Kann im Schrank bleiben. Und dann kam der Papi. Der war echt lange weg. Wieder doll freuen! Nachdem ich mein dämliches Geschirr anhatte, sind wir fünf in so einer Wackelkiste gefahren. Ich saß mit den Mädels ganz hinten. Ich hatte gar keine Angst und schwupp, musste ich wieder aussteigen.

Och nöö, das roch da aber wie vorher. Okay, ich muss also doch arbeiten! War nicht sehr schlimm. Zweimal piks und überall anfassen. Fertig und nix wie weg!
Weiter mit der Wackelkiste. Aussteigen und da waren viele Hunde. Meine Schwestern durften toben, ich musste zukucken, aber ich durfte mit Hope und Quno etwas draußen spielen. Das war toll. Bald bin ich auch dabei. Juhuu! Nun bin ich kaputt.
Liebe Grüße, euer Alf.

Dienstag, 28. Januar. War toll heute früh, als der Papi die Treppe runterkam. Er hat gesagt, mein Schwanz dreht sich wie ein Propeller! Ich glaube, das ist gut. Seine Stimme war so stolz. Also ich war Erster beim „Hallo" sagen, will ich ja nur mal bemerken!
Dieses Draußen wird meiner Meinung nach überbewertet. Dieser Käfig (die sagen Haus) hier ist groooß, warm, weich und kuschelig. Ist doch besser als der Auslauf! Ööhm, Garten heißt das!
Als die Muddi kam, hab ich mich auch voll gefreut. War

wieder Erster! Dann hieß es anziehen. Die Mädels waren voll aufgeregt und happy! Na, hab ich eben mitgemacht! Halsband, Geschirr, doppelt gesichert. Juhuu! Wackelkiste fahren, Hunde besuchen … dachte ich wirklich, aber nix da! Dieses blöde Spazierengehen war dran. Ich war voll bockig und bin keinen Millimeter von der Stelle gewichen, hab auch gewonnen. Die Muddi war voll sauer, musste mich zurückschleppen. Nun hat sie Rücken, sagt sie. Zack ausgezogen, Wohnzimmer zu und weg war sie wieder. Ach, wie schön kuschelig war das in meinem Nest. Hab geschlafen …

Dann kamen alle wieder, sogar noch ein großer Hund, die Raika, aber die war schnell wieder weg. Dann war noch ein Besuch da. Er sagt, er ist jetzt mein Hundeopa. Der hat auch Geschenke gebracht. Uuund, ich kann jetzt schon ein großes Stück Hähnchenbrustfilet verhaften, ohne Hilfe!

Das mit dem Rausgehen meinen die echt ernst. Hab nen neuen Anzug. Ab heute kann mich keiner hier mehr wegholen. Jaaa, wir haben Vertrag! Die Mutti sagt, Schnäppchen gemacht, weil ich viiiel mehr wert bin, nämlich unbezahlbar! Ich chille dann mal weiter.

LG, euer Alf im Glück!

Heute sind wieder welche von meinen Meute-Geschwistern freigekommen. Alle Pfoten gedrückt, Kumpels! Die Muddi sagt, es gibt noch ca. 700 von diesen schrecklichen Laboren in Deutschland. Heute ist schon **Mittwoch**. Da ich jetzt adoptiert wurde, können die echt froh sein, dass ich ihnen eine Chance gebe und sie bei mir bleiben dürfen. Sogar in

Hettys Nähe darf ich schon liegen.

Mal sehen, was ist noch passiert? Bin ein bisschen spazieren gegangen, aber nur ein bisschen und freiwillig. Heute kam ein Brief für mich. Also der Postbote ist nett. „Immer lächeln, dann gibt's Bonbons!", sagen die Mädels. Hab ich gemacht. Also, in dem Brief waren wieder Geschenke für mich und die Mädels von Ninas Welt. So ein Modekram, Halstücher für Helden!

Und dann kam die Mama von Lilly und Lola, den Frenchis, mit Geschenken. Das Beste ist, ich wurde durchgängig gestreichelt und gekuschelt. Muss mal überprüfen, ob noch alles Fell da ist! Ich glaube, ich mache Fortschritte. Ich kann zaubern, sagt die Muddi. Ich kann gute Luft in schlechte verwandeln, und den Beagle im Spiegel grüße ich nur noch kurz, wenn ich Treppentraining mache. Leute, das mit dem Draußen hat sich heute für mich erledigt, deshalb couche ich lieber.

LG, euer Alf!

Ich muss nochmal auf gestern zurückkommen ...

ICH war spazieren. JAA, so zehn Kilometer, mindestens! Bekomm gerade einen bösen Blick ... war aber ein Kilometer! Muddi sagt dazu: Minirunde. Ich bin aber auch nur mitgegangen, weil es schon dunkel war und die Mädels ja Schutz brauchen. Hab noch kurz mit einem anderen Hund geschnackt, voll gut so ein Spaziergang! Zu Hause angekommen habe ich meinen ersten Zahnputzer meines Lebens geknabbert. Leute, dafür hat sich jeder einzelne

Meter gelohnt! Hat sooo gut geschmeckt! Gibt es leider nur für jeden einen.

Heute ist **Donnerstag** und in der Nacht konnte ich nicht mehr anhalten. Ich bekomme ja auch neues Essen und so. Na ja, musste dann ins Haus ne Wurst machen. Die Mädels fanden das eklig und sind schnell zur Muddi ins Bett geflüchtet. Als der Papi runterkam, hatte ich voll doll Angst. Aber er hat gar nicht geschimpft. Hat das weggemacht und gesagt, kann mal passieren und hat mich gestreichelt. Draußen musste ich dann noch gaannzz doll. Hatte auch noch bisschen Angst, ob die Muddi böse ist. Nö, gar nicht. Deshalb bin ich auch mit spazieren gegangen. Eine große Runde, so 4000 Schritte, sagt die Muddi. Danach hat mein Essen richtig gut geschmeckt. Erstmal ein ausgiebiges Schläfchen gemacht …

Leute, heute ist ein Tag! Das rote Rüsselmonster durfte wieder aus dem Schrank. Es war so gefährlich, da bin ich doch mit einem Hops auf das Sofa gesprungen, um mich zu retten. Das kann ich also auch. Springen, aus dem Stand und hoch … Geiler Typ! Dann kam wieder Besuch. Die Mama von Paula war da mit Geschenken und hat geheult … Weiber …

Wisst ihr, vor einer Woche hatte ich gar nichts. Jetzt habe ich eine Familie und immer diese Geschenke. Die Muddi sagt, das ist so, weil mich alle liebhaben. Also hatte mich vorher wohl keiner lieb?

Heute Abend wollte ich nicht spazieren gehen, war beaglebockig und jetzt muss ich im Körbchen bleiben.

Bis morgen, euer Alf.

Heute haben wir die Muddi mal ausschlafen lassen. Bis um 8.00 Uhr war hier Ruhe. Aber dann haben wir uns alle gefreut, ich als Erster. Zack nach draußen und pullern. Danach gibt es immer was sehr Leckeres, aber nur eins … schade. Ich bin sogar zu Tessa ans Körbchen beim Fressen. Sie hat gar nicht gekeift. Bin zur Haustür hin und gekratzt, beide kamen angeflitzt. Sie dachten, es ist Alarm. Muss ich noch alles lernen. Bisschen fies sind sie ja, sagen immer Alf Blödmann zu mir! Die Muddi sagt, das muss ich alleine klären.

Spazieren hab ich wieder mitgemacht. Ich wollte immer ins Moor und durfte nicht. Aber meine Schwestern sind einfach dahin abgehauen. Als dann noch der Jagdruf kam, war ich kaum zu halten. Ging nicht, war an der Leine. Als wir zurück waren, musste ich „Sitz" üben. Kann ich, will ich aber nicht … langweilig. Und im Körbchen bleiben ist noch ne blödere Übung! Aber die Mutti sagt, jetzt ist Schluss mit lustig, nun muss ich was lernen!

Heute kam nur kurz Besuch, dafür bin ich besuchen gegangen. Auf Nachbarschaft, da riecht es nach Katze. Nachmittags sind wir alle fünf mit der Wackelkiste zum Hundespielplatz gefahren. Hab schon einen Freund da, der heißt Quno und ist eine französische Bulldogge, sagt er. Er ist viel jünger als ich. Wir sind ein bisschen gerannt und was man da so macht. Dann ging es mit der Wackelkiste zum Einkaufen. Wir mussten da alle drei zusammenliegen und warten. War schön warm und gemütlich. Ich wollte gar nicht aussteigen. Nun liege ich gemütlich auf dem Sofa, schnarche und träume. Ach ja, heute bin ich genau eine Woche im

„Für-immer"-Zuhause.
Liebe Grüße, euer Alf.

Wusstet ihr eigentlich, dass es Minimenschen gibt? Nee? Ich auch nicht, bis gestern Abend. Da will man in Ruhe ein Nickerchen machen, da kommt dieses kleine Menschending rein, ein Welpe sozusagen. Na ja, ich hab es mir angekuckt und abgeschnüffelt, ist nicht so meins. Zu wild, zu laut und zu unruhig! Hab mich ganz klein auf dem Sofa gemacht, sicher ist sicher.
Heute nach dem Aufstehen musste ich ganz doll kuscheln. Ich kann gar nicht genug bekommen. Das ist sooo schön! Dann ging es wieder los, trotz Wasser von oben. Regen, heißt das. Was war ich froh, als wir endlich zu Hause waren, da konnte ich endlich pullern …
Das Trockenrubbeln war das Beste, hab mich gleich nochmal angestellt. Nach dem Fressen bin ich fix nach oben in mein Körbchen, eingerollt und fest geschlafen. Später waren wir wieder auf dem Hundespielplatz, da hab ich Lenny kennengelernt. Der Hundespielplatz macht mir echt Spaß, bin durch den Tunnel gelaufen und hab Lenny Beagleflitzen gezeigt! Das war wirklich viel heute.
Dicken Hundekuss von eurem Alf.

Sonntag, 2. Februar. Heute Morgen hab ich die Muddi mit Hetty zusammen oben abgeholt. Ich saß mit meiner großen Schwester auf der Treppe, und wir haben Nasi-Nasi gemacht. Die Muddi hat sich sooo gefreut und uns beide zusammen gekuschelt. Alleine finde ich ja besser, da kriege

ich zwei Hände. Leute, heute war ein turbulenter Tag! Am ersten Sonntag im Monat ist Familientreff hier. Na ja, die Bude war voll, aber ich hab ja meinen Sofaplatz und den Beagleblick ... Ich wurde stundenlang gestreichelt. Heute war auch Penny hier, ne scharfe schwarzfellige Braut. Die steht voll auf mich! Ihre Mami auch. Spazieren war ich sogar zweimal, eine Megarunde. Dabei hab ich Feivel kennengelernt. Meine Größe, aber schon alt. Der war trotzdem okay. Jetzt muss ich erstmal schlafen und alles verarbeiten. Schlaft ihr nachher auch gut.
LG, euer Alf.

Montag, 3. Februar. Heute war es fast wie immer ... fast. Der Papi ist zur Arbeit gefahren und wir haben noch ein bisschen geschlafen. Muddi abgeholt und runter. Die Muddi sagt, sie braucht erstmal einen Kaffee, mindestens. Aber dann ... Sie hat mit lauter Stimme immer wieder gesagt: „WER WAR DAS? HÄÄ, KUCKT EUCH DAS MAL AN! ... WER WAR DAS?" Wir drei haben voll schuldbewusst geguckt, aber keiner hat was gesagt. Wir haben ein Paket Taschentücher und eine Serviette vom Tisch geholt und Konfetti gemacht. Hetty sagt, selber Schuld! Was liegt das auch da rum? Die Mädels haben früher alles zerbissen, was sie ergattern konnten.

Beim Spazieren hatte ich − nachdem ich auf Drehzahl war − voll den Run! Zum Glück war Onkel mit und hatte die lahmen Enten an der blöden Schnur. Nach dem Fressen ist die Muddi einfach weggegangen, hab es geahnt! Hab mich schnell vor die Tür gesetzt. Blockade!

Nach ungefähr einer Woche (Anm. Muddi: „Ja, ne is klar! Eine Woche!") kam die Muddi zurück. Hetty und ich standen schon an der Haustür. Wir haben auch nix kaputt gemacht. Ich hab nur einen Hausschuh mitgenommen.

Als das Rüsselmonster wieder aus dem Schrank gelassen wurde, bin ich da erstmal rein in den Schrank, um zu kontrollieren, ob es da auch sicher ist. Als es losbrüllte, habe ich das erste Mal meine Stimme erhoben und geschimpft! Die Muddi sagt, ich höre mich an wie Mienenbüttel, bellen geht anders! Na ja, nun weiß sie wenigstens, dass meine Stimmbänder nicht manipuliert wurden. Ach, anstrengend is das! Immer hinterher, damit sie nicht wieder weg verschwindet. Am besten ist es vor der Tür zu liegen. Der Papi kam zeitig, da sind wir alle zusammen auf den Tobeplatz gefahren. Habe Calliou, den Labradudel und Hope, die Huskylady kennengelernt. Einen schönen Feierabend zusammen.

Euer Alf.

Dienstag, 4. Februar. Heute haben wir wieder was Verbotenes gemacht. Wir lagen alle bei der Muddi im Bett, nur der Papi nicht. Ich habe mich heute an mein erstes Stück Rinderdörrfleich getraut. Das gibt es immer morgens. Danach hab ich die ganze Bude abgerüsselt, ob da nicht noch was zu finden ist. Nöö, nix gefunden! Es ist aber auch oberlegger, dieses Dörrfleisch! Die Mutti sagt, wenn ich das ordentlich mache, kann das Rüsselmonster im Schrank bleiben. Nach dem Spazierengehen, zu dem ich null Bock hatte, gab es zu Hause große Diskussionen. Ich sollte im

Körbchen bleiben, bis das Futter fertig ist. Aber ohne mich! Die Muddi war sauer und voll verschwitzt, nachdem sie mich ne halbe Stunde immer wieder in den Korb geschleppt hat. Zum Glück kam Rettung in Form von Besuch. Hab also doch gewonnen. Na ja, wir werden sehen. (Anm. Muddi: „Ja, hat er ... leider.")

Auf dem Hundeplatz war es heute schön. Wir drei waren alleine und die Muddi hat mit uns gespielt. Ich bin richtig rumgewetzt und gehüpft. Ich hatte große Freude. Zur Belohnung haben wir von Tante Majas Geschenken ein Ohr bekommen. Ich finde das sooo lecker, bin gleich ins Draußen-Körbchen damit. Tessa isst ihrs auch, und Hetty hat ihrs beerdigt und nun will sie meins ... So liebe Freunde, bis morgen.

Euer Alf.

Mittwoch, 5. Februar. Also Dörrfleisch am Morgen ist doch das Beste! Ich dreh richtig durch, ich weiß gar nicht wohin mit mir! Onkel ist mit den Großen gegangen. Muddi und ich sind gaaanz gemütlich losgegangen. Ich bin alleine und freiwillig, ohne Tragen durch den kleinen Wald an meinem Zuhause gegangen. Das hätte eigentlich schon gereicht, aber ich bin doch mitgegangen, die Muddi braucht ja Bewegung. Am Wildschweinpfad kamen uns Hetty und Tessa schon entgegen. Nach Hause, was essen und schlafen. Ach, ich bin wieder unruhig! Die Muddi sagt, sie muss zum Arzt und da können wir nicht mit. Ich werde also vor der Tür auf sie warten ... oder im Schlafzimmer. Endlich ist sie wieder da und nun hopp, hopp im Beaglegalopp zum

Spielplatz! Heute lauf ich mal freiwillig den Weg runter zur Wackelkiste … uuund Abfahrt! Heute war Calliou da. Immer wenn ich auf die Brücke wollte, haben die Großen gedrängelt. Zu Hause angekommen, gab es eine Belohnung. Hab den Papi beauftragt, Blumen mitzubringen für die Muddi. (Anm. Muddi: „Danke, Jungs!")
LG, euer Alf.

Donnerstag, 6. Februar. Gestern Abend hat die Muddi ein Tierschutzvideo angesehen. Da haben die laut skandiert und ich hatte furchtbare Angst und Panik vor den Stimmen. Hab mich ganz klein gemacht. Heute muss die Muddi wieder zum Arzt, aber der Hundeopa Bernd kommt her zum Kuscheln. Ich war nicht mit spazieren, ich trödle zu doll … War nicht so schlimm ganz alleine zu Hause. Ich glaube, die Muddi war trauriger als ich. Der Opa war sehr zufrieden mit uns und die Mutti hat sich auch voll beeilt (und der Arzt war auch zufrieden).
Als Stalker hab ich die Muddi heute wieder zum Klo „begleitet" und bin gegen die komische unsichtbare Wand gerannt (schon zum zweiten Mal). Auf dem Hundeplatz war mir heute zu viel los. Fünf große wilde Hunde. War blöde, is nix für mich! Die Muddi hat dann zu Hause mit mir geübt. „Hier" und „Sit" und „Körbchen" üben wir ja morgens. Nächstes Mal gehen wir lieber alleine auf den Spielplatz. Jetzt mach ich erstmal Pause und warte auf den Papi.
Bis morgen Freunde, Alf.

Freitag, 7. Februar. Heute wohne ich schon zwei Wochen hier. Ich komme immer besser mit der neuen Umgebung und den Herausforderungen klar. Hetty ist sehr lieb zu mir, und die Chefin meckert auch nicht mehr so viel. Die Muddi sagt, meine Pfoten sind schon ganz ordentlich geworden. Hab heute ein Stück Papier erwischt, musste ich gleich schreddern. Das ist voll toll!

Das Spazieren mit mir dauert gerne mal zwei Stunden plus (anstatt 45 Minuten). Das kommt, weil ich nur dann laufe, wenn ich es will und dahin, wo ich will. Die Großen haben dann schon einen Ausflug hinter sich. An der Leine verweigere ich mich komplett, aber heute hab ich wohl den Bogen überspannt. Auf einmal konnte ich rennen wie der Teufel, nur ganz woanders lang! Die Muddi musste hinter mir herrennen, um mich zu schnappen. Natürlich bin ich keinen Millimeter weitergegangen. Sie kann mich ja gefälligst tragen! Hat sie auch, aber dann hat sie mich einfach hinterhergezogen. Nix mehr locken, Bonbons, loben und streicheln. Neee, voll fies von ihr!

Zu Hause angekommen musste ich wirklich im Körbchen warten, bis es Futter gab. Zum Glück hat sie danach das Rüsselmonster hinter sich hergezogen ... Bin froh, wenn der Papi endlich da ist, bei dem piescher ich abends sogar auf Kommando! Auf dem Spieli war es heute gut. Ich hab schön geübt und war ganz entspannt. Meine Menschen gehen heute zur Mahnwache. Das ist okay, denn wir haben die Schnauze voll von Tierversuchen!

In diesem Sinne ... bis morgen, euer Alf.

Samstag, 8. Februar. So Leute, heute war Männertag, das hieß erstmal ausschlafen! Die Muddi ist heute bei der Demo gewesen, sie wollte meine Fans treffen (hat sie auch und Geschenke mitgebracht). Das sind die, die auch für den Tierschutz dort stehen.

Also cool mit dem Papi auf Tour, hab meinen Turbo eingestellt und die Runde ruck, zuck abgelaufen. Zu Hause angekommen dachte ich, jetzt futtern und pennen. Prima!

Stellt euch das bitte mal vor. Die Mädels haben Essen bekommen und ich NICHTS! Erst als ich im Körbchen geblieben bin, gab es ne mickerige Portion. Satt und aufs Sofa, dachte ich mir. Mit dem Papi chillen, dachte ich mir. Vielleicht einen Schnarch-Contest machen, dachte ich mir. Nein, schon wieder mit Rosinen gepokert! Ins Körbchen musste ich. Zum Glück kam die Muddi zurück und nun schlummere ich schön auf dem Sofa neben ihr …

So ein Männertag wird eindeutig überbewertet.

LG, euer Alf.

Sonntag, 9. Februar. Gestern waren wir noch bei Tante und Onkel zu Besuch. Ich hab erstmal in den Keller gepinkelt. Alle rätseln, warum wohl? Na ja, ich musste eben pullern und der Boden war, wie ich es früher kannte … mach ich nicht wieder.

Heute haben wir schön ausgeschlafen und sind alle zusammen spazieren gewesen. Also, ich bin schon recht fix unterwegs und mit der Leine versuche ich auch klarzukommen. Sonntags trifft man immer viele Hunde und

Menschen. Das macht mir Spaß, überall ein Klönschnack halten!

Heute war der Papi voll gemein zu mir. Ich hatte Hunger und wollte nicht im Körbchen warten … Hab ich euch schon erzählt, dass ich langsam fit, stark und schlank werde? Jaaa, ich habe schon drei Kilos abgenommen! Von 16.5 kg auf 13.5 kg. Das macht mal nach in zwei Wochen!

Da heute ja ein doller Sturm ist und die Bäume bedenklich schwanken, sind wir zu Hause geblieben und haben uns einen chilligen Sonntag gemacht. Rollt euch schön auf dem Sofa ein, so wie ich und kommt gut durch den Sturm!

LG, euer Alf.

Montag, 10. Februar. Heute ist mir ja wieder was passiert! Als der Papi zur Arbeit ging, wollte ich hinterher und bin die Treppe von oben bis unten runtergestürzt. Hab aber nix gesagt! Die Muddi ist aus dem Bett gesprungen und wie ein geölter Blitz hinterher. Ich durfte dann noch eine Stunde bei ihr im Bett liegen. Heute hat Hetty mich geputzt, das war lieb.

Die Muddi muss ab heute auch wieder zur Arbeit. Hoffe, es tut ihr nicht weh. Wir warten auf sie …

War toll, als die Muddi wieder da war. So viel zum Schnüffeln. Dann hat sie uns erstmal rausgeworfen … Rüsselmonster-Alarm! Dann konnte ich endlich kuscheln. Die Nachmittagsrunde bin ich recht ordentlich mitgelaufen. Ich bin jetzt Straßenfeger, alle Äste haben sich in meiner Schleppleine verfangen. Paar umgestürzte Bäume waren da auch, die konnte ich aber nicht ziehen. Als ich endlich wieder zu Hause war, bin ich vor Freude rumgeflitzt wie eine Rakete! Wann versteht sie endlich, dass ich nicht wegwill von Zuhause? Morgen geht die Muddi wieder arbeiten, aber der Papi bleibt bei uns. Vielleicht hab ich ja morgen mehr Glück. Liebe Grüße, euer Alf.

Dienstag, 11. Februar. Heute früh hab ich mich wieder ganz doll auf mein Vorfrühstück gefreut. Lecker Dörrfleisch! Aber erst nach dem Pullern gehen. Wenn die Muddi morgens nicht so verpeilt wäre, würde das schneller in unseren Schnuten landen! Das dauert aber auch. Ich hüpfe, renne, springe und nerve alle anderen. Aber ich freu mich doch so!
Der Papi ist heute extra zu Hause geblieben und hat eine riesige Runde mit uns gedreht. Ich bin vielleicht kaputt von der Rennerei. Meine Ausbildung macht Fortschritte. Monster zähmen leichtgemacht, denn wenn der Papi mit dem Rüsselmonster kämpft, brauche ich keine Angst zu haben und bleibe ganz cool! Hab heute wieder in den Keller gepieschert. Hab Mecker gekriegt. Der Nachmittag war ganz gut. Ich brauchte nicht noch mal los. Eins hab ich schon kapiert: Es ist immer schlau in der Küche rumzulungern! Bis morgen, euer Alf.

Mittwoch, 12. Februar. Onkel war da, um mit den Mädels zu gehen. Ich hatte keine Lust. Geschirr anziehen finde ich toll. Das heißt, ich darf mit. Aber von zu Hause weg, gefällt mir nicht.

Die Muddi hat heute gaaanz lange mit der Mama von Feli telefoniert. Feli ist auch 5 Jahre alt und hat auch als Versuchstier in dem Labor gelebt. Die Mama heißt Petra und ist voll schlau. Sie hat erstmal meine Hundesprache in Menschensprache übersetzt. Die kann das, die ist Hundelehrerin in Buchholz. Die Feli mag auch nicht ihren Garten verlassen. Wir Laboris bleiben lieber unsichtbar ... aber wir arbeiten ja dran!

Täglich ist hier das Rüsselmonster unterwegs, stört mich nicht mehr! Meine Muddi ist sehr traurig. Sie hat jetzt erfahren, wie wir „gehalten" wurden, wie Nutztiere (z. B. Schweine). Ach Muddi, du musst nicht weinen. Nun ist alles gut, zusammen schaffen wir das schon! Heute war noch Besuch da, ohne Geschenke. Die findet Hetty auch besser, glaube ich. Ansonsten hab ich nur gechillt. Ach, mit dem Papi gehe ich doch gerne ne Minirunde. Sogar an der Leine. Einmal an die Straße und zurück. Und meinen Zahnputzer verhafte ich schon genauso fix wie die Großen. Das Leben kann sooo schön sein!

LG, euer Alf.

Donnerstag, 13. Februar. Heute bin ich zu Hause geblieben, und die drei haben eine Mädelsrunde gedreht. Dafür war ich im Garten, hab aber trotzdem ins Haus gemacht. Protestaktion sozusagen! Aber keiner hat was gesagt. Dann kam die Tante Maja mit dem leckeren Rinderdingsbums zu Besuch. Leider kam ich nicht zum Fressen, weil sie mich nuur gekuschelt hat. Sie sagt, ich bin ein gaanz Süßer! Nachmittags sind wir dann zum Hundeplatz gefahren, zwei Grad plus, Wind und Schneeregen. Ich glaube, ich war der Einzige, dem es Spaß gemacht hat. Ich kann sogar kaputte Brücke. Jaaa, gelernt ist gelernt! Die Muddi scheint furchtbar schmutzig geworden zu sein. Sie musste ins Wasserzimmer, in dieses Verschwindeding, wo nur ihr Kopf rausguckt! Zum Glück wurden wir draußen abgerubbelt und brauchten nicht da rein. Jetzt schnarchen wir alle vor uns hin und freuen uns, dass der Papi bald zu Hause ist.

Bis morgen Gemeinde, euer Alf.

Freitag, 14. Februar. Woche 3 nach dem Labor. Heute bin ich drei Wochen hier. Ich muss sagen, das Leben „draußen" ist schon eine Herausforderung, aber ich habe schon viel gelernt und verstanden:

- Das Sofa ist gemütlich. Am besten, wenn noch jemand drauf sitzt oder liegt.
- Futter kann man aus dem Napf fressen.
- Gras und Erde (Boden) verschlingen einen nicht.
- Leckereien gibt es nur, wenn ich ins Körbchen gehe!
- Spazieren ist doof – Garten und Hundeplatz sind toll!
- Der Briefträger ist mein Freund.
- Wenn man draußen sein Geschäft erledigt, wird man gelobt.

Ach, ich könnte noch mehr aufzählen.

Heute Morgen bin ich freiwillig an meiner Glücksleine mit der Muddi bis an die nächste Straßenecke gegangen. Das war gar nicht schlimm, und die Muddi freut sich ganz doll über diesen Erfolg. Haben wieder einen kleinen Familienausflug zum Platz gemacht. Brücke steht wieder, jippie! Bin alle Wege freiwillig gelaufen. Hab auch meine Kumpels getroffen. Auch wenn die soo groß sind und keine Beagle, sind sie meine Kumpels!

Zu guter Letzt noch dies. Super Nachricht: Das LPT in Hamburg Neugraben ist Geschichte!!

Knuddel die Meute, euer Alf.

Samstag, 15. Februar. Boah, die können sooo froh sein, dass sie mich haben! Der Papi hat heute doch voll verschlafen! Ich hab ihn aber um 6.00 Uhr geweckt. Er wollte gar nicht raus, ich aber auch nicht. Nachdem wir alle aufgestanden sind, haben wir einen Rudelausflug gemacht. War ganz prima, nachdem die Muddi mich bis zur Straße getragen hatte. Ich bin ganz fröhlich, teilweise sogar ganz ausgelassen durch die Heide geflitzt. Die Antenne senkrecht nach oben und mit fliegenden Ohren! Inzwischen schnüffele ich auch mal Büsche und Findlinge ab, machen die Mädels auch. Hat ja auch endlich mal nicht geregnet. Ich bin eher der Sommertyp!

Meine Wippe ist heute angekommen. Damit soll ich mehr Muskeln, mehr Sicherheit und Koordinaten bekommen. Aber die ist noch etwas unheimlich. Im Übrigen schaff ich es alleine auf das Sofa, wenn es sein muss, weil nachts hilft mir ja auch keiner …

Bin mit der Muddi nochmal an der Leine an der Straße gewesen. Ging schon viel besser. Nun machen wir es uns gemütlich. Morgen ist wieder Männertag, die Muddi muss

dann ja arbeiten ...
LG, euer Alf.

Sonntag, 16. Februar. Da die Muddi ja nicht zu Hause war, fällt mein Tagebucheintrag etwas kürzer aus als gewohnt. Ich bin heute ordnungsgemäß mit dem Papi und den Mädels spazieren gegangen. Die beiden sind ins Moor abgehauen, ich bin lieber beim Papi geblieben. Vor dem Rüsselmonster habe ich keinen Respekt mehr. Dem laufe ich jetzt vorm Rüssel rum. Deshalb hat mich der Papi rausgeworfen!
Einen Bellversuch hab ich auch gestartet. Aber ich hör mich an wie eine rostige Tür. Hab aber die Mädels unterstützt, wir sind ja ein Rudel! Als die Muddi nach Hause gekommen war, hab ich mich riesig gefreut. Na ja, nun ist der Sonntag fast rum.
Bis morgen, euer Alf.

Montag, 17. Februar. Heute ist Montag und die Muddi muss schon wieder zur Arbeit. Zum Glück nicht so lange ... Heute Morgen bin ich freiwillig mitgegangen. Onkel war auch da. Ich bin der Mami hinterher und hab mich immer zu ihr umgeschaut und Blickkontakt aufgenommen. Das hab ich richtig gut gemacht! Onkel wollte mich dann ohne die Muddi mitnehmen. Das hat dann beim zweiten Versuch geklappt. Zu Hause angekommen, war die Muddi weg. Aber es gab was zum Essen. Irgendwann kam die Muddi dann auch wieder. Ach, ich freue mich wie verrückt, wenn meine Menschen kommen! Jetzt fehlt noch der Papi, denn am besten ist es, wenn das Rudel zusammen ist!

Wenn meine Schwestern draußen bellen, überleg ich nur ganz kurz, renne aber dann doch mit und laufe Patrouille im Garten. Zur Wackelkiste bin ich auch fix gelaufen, damit ich auf den Platz komme und rennen kann. Heute war mein Kumpel Calliou da. Gemeinsam haben wir die Brücke geentert. Bin auch ordentlich durch die Gegend geflitzt! Mit dem Bellen hab ich das heute nochmal versucht. Hörte sich schon besser an. War ja auch ein Begrüßungsbellen! Die Muddi sagt, heute ist bei mir wieder ein Knoten geplatzt. Das ist was Gutes, sagt sie. Ich freue mich schon auf morgen. LG, euer Alf.

Dienstag, 18. Februar. Uui, heute war gaanz früh aufstehen angesagt! Wir haben schon um 7.15 Uhr einen kleinen Familienausflug unternommen. Ich laufe jetzt ganz zuverlässig mit. Das Stück von zu Hause noch nicht so, aber dann läuft es! Pfff, ich war vielleicht froh, als wir nach einer Stunde zurück waren. Ich musste soo dringend. Alles schnell im Garten erledigt. Das ist sicherer. Außerhalb würde ich ja meine Existenz verraten. Soweit bin ich noch nicht. Schnüffeln ja, markieren nein! Danach sind meine Menschen wieder wegverschwunden. Futter verdienen, sagen sie. Finde ich doof.

Ach, heute hatten wir Glück. Dennis und Lea haben uns rausgelassen und gekuschelt. Das war ganz prima! Zur Wackelkiste hatte ich keine Lust zu laufen. Ich kann ganz schön bockig sein! Ich will doch jeden Hauseingang kontrollieren. Auf dem Platz war es wieder ganz prima. Brücke mag ich am liebsten.

Uund wusstet ihr, dass mich gar keiner lieb hat und streichelt? Jaaa, das stimmt. Sogar wenn ich der Muddi vor und zwischen die Füße laufe, damit sie mich kuschelt, streichelt sie mich nicht! Nöö, sie meckert dann auch noch! Sie sagt dann ganz gemeine Sachen, z. B.: „Du oller Ninja, soll ich mir die Knochen brechen!?" Das finde ich sehr unverschämt. Bitte, unterschreibt eine Petition, die mich vor sowas schützt! Oder Mahnwache, Mahnwache geht auch … Ich werde jetzt noch etwas an meiner Taktik feilen.

Bis morgen, euer Alf.

Mittwoch, 19. Februar. Heute Morgen wollte die Muddi gar nicht aus dem Bett, aber Hetty und ich haben sie lieb geweckt. Hetty hat sich ans Fußende gelegt. Ich bin nach vorne und hab mich ins Bett hieven lassen. Nach dem Wachkuscheln ist sie dann auch endlich aufgestanden. Wir wollen ja unser Vorfrühstück haben. Und schon war Onkel da und ab gings! Lilly und Lola haben wir getroffen. Das sind coole Mädels … nicht solche Riesen …

Heute hat Hetty eine große Schwester-Belohnungsleine von Tante Maja bekommen. Ich glaube, ich find das toll, denn Hetty hat viel Geduld mit mir. Außerdem stalkt Hetty die Muddi jetzt mit. Alleine zur Toilette ist nicht mehr … immer zehn Beine die Treppe rauf …

Auf dem Hundeplatz waren wir auch wieder. Wir üben für Kalenderfotos. Dann kam noch ein junger, wilder Boxer-Mix dazu. Das hat mich verunsichert und war mir zu viel. Dann sind wir lieber nach Hause, hat außerdem wieder angefangen zu regnen. Da haben wir das doch in unserem

Bau gemütlicher. Passt schön auf euch auf!
LG, euer Alf.

Donnerstag, 20. Februar. Oha, gestern hab ich noch voll
Ärger bekommen! Der Papi wollte den Ofen anmachen.
Uund, ich bin ihm vor den Füßen rumgehampelt. Deshalb
konnte die Ofentür nicht zu und wir hatten blaue Luft …
Heute Morgen wollte ich nicht los. Schietwedder! Nöö,
bockig vor der Terrassentür stehen geblieben! ABER, die
Muddi hat mich in eine blaue IKEA-Tasche gestopft und an
die Panzerringstraße (ehem. Truppenübungsplatz, nun
Landschaftsschutz Gelände) geschleppt! Ab da konnte ich,
oh Wunder, wieder laufen. Wir sind heute über den
Segelflugplatz durch die Heide gegangen. War mal was
Anderes. Hab sogar meinen Haufen unterwegs gemacht!
Und Bäume angeschnüffelt und daneben gepullert. Die
Muddi dachte die ganze Zeit, es ist besser, immer dieselbe
Runde zu gehen. Hat sie sich wohl geirrt. Aber so ein
Spaziergang schafft mich schon und ich schlafe und
schnarche ganz viel.
Die Nachmittagsrunde sind wir heute ganz normal an einer
Leine gegangen. Ich bleibe ja stocksteif stehen, wenn es
nicht nach meinem Willen geht! Zum Beispiel mitten auf der
Straße. Das hab ich so vierzig Prozent vom Spaziergang
gemacht. Die Muddi war stinksauer, aber irgendwie ist sie ja
auch voll stur! Hund-Widder vs. Mensch-Skorpion – es
werden noch Wetten angenommen! Sie sagt, ich muss
unbedingt lernen, an der Leine zu gehen. Die Großen
verdrehen schon die Augen. Die sind auch genervt, wenn es

nicht vorwärtsgeht. Aber zurück, will ich dann auch nicht ...
Freiheit verstehe ich irgendwie anders! Denk mal nach
Digga, mach dir mal ein Bild!
Euer Alf.

Freitag, 21. Februar. Heute sind vier Wochen rum und ich
habe schon starke Muskeln bekommen. Mein Fell unterm
Bauch wächst auch. Die Muddi hat gestern heimlich noch
mit einer anderen Beaglemama geschrieben. Die Muddi hat
erstmal das Haus nach versteckten Kameras abgesucht, weil
die genau wusste, was ich mache.
Die Tante hat eins gesagt, was ganz wichtig ist:

SIE KONNTEN MICH IN DEN FÜNF JAHREN NICHT BRECHEN!
Ich, Alf der Beaglemann, bin gut so, wie ich bin!!

Der Spaziergang war gut. Onkel hat mich mit Geduld durch
den Wald gelockt. Hat ja auch nicht geregnet. Danach lief es
wie geschnitten Brot. Alle Geschäfte unterwegs erledigt, und
den Steert immer Richtung Norden ausgerichtet und
los. Die anderen haben Rehe gesehen, ich nur Gestrüpp!
Uund, ich hatte doch Recht. Es gibt gefährlichen Boden, der
einen verschluckt! Pfütze, nennt sich das! Jaaa, ich hab voll
gekreischt, als die mich fressen wollte. Die Muddi sagt, dass
wird noch ein Spaß an der See.
Das dollste Ding hab ich heute Morgen gebracht. Die Muddi
hat das Bett gemacht und ich hab natürlich geholfen. Immer
rum und ran gehüpft. Zack war ich drauf auf dem Bett!

Schluss mit ruhiger Nacht. Heute war es auf dem Platz sehr windig und sehr kalt. Ich bin ordentlich gerannt, um warm zu werden. Danach sind wir bei Onkel und Tante abgekippt worden. Die Eltern sind unterwegs, aber wir werden wieder abgeholt. Mal sehen, wie das wird. Das erste Mal von zu Hause weg …

Feuchter Hundekuss, euer Alf.

Samstag, 22. Februar. Als der Papi aufgestanden ist, bin ich schnell zur Muddi ins Nest gehüpft, alleine! Dann hab ich mich angekuschelt und der Muddi ausgiebig den Arm geputzt. Fellpflege ist wichtig! Lange Rumtrödeln war aber nicht. Meine Leute wollen nach Kiel zur Demo, um mehr von meiner Art, also Laboris, zu befreien. Mit dem Papi bin ich ganz schnell durch den kleinen Wald. Unterwegs haben wir Raika und Pumba getroffen und sind die Runde gemeinsam gelaufen. Dann fix abgefüttert und wieder zu Onkel und Tante …

Meine Familie ist zurück aus Kiel. Ach, heute hatte ich das zweite Mal einen Anfall! Wie es aussieht, ist das wohl Epilepsie. Muddis erster Hund hatte das auch. Sie sagt, es ist nicht schlimm, aber erstmal muss ich zum Dokta, wenn sie wieder aus dem Urlaub ist. Drückt mir mal die Daumen und Pfoten, dass alles gut wird.

Ganz liebe Grüße, euer Alf.

Sonntag, 23. Februar. Sonntage gefallen mir gut, da darf man faul sein. Bin heute Morgen um 8.00 Uhr zur Muddi ins Bett gehopst und hab mich ordentlich angekuschelt. Mein

Kopf lag auf ihrem Hals, der Rest ganz eng angedrückt. Ich liege ganz still und genieße die Nähe (die Muddi aber auch). Die Muddi hat Husten, aber das stört mich gar nicht. Ich kann trotzdem schlafen. O Mann, irgendwann mussten wir dann doch raus. Alles ist aufgeweicht, überall diese fiesen Pfützen! Ich bin ganz nass und dreckig geworden. Schnell was essen und ab aufs Sofa. Heute passiert hier zum Glück nichts mehr, einfach nur chillen.

Ich bin die Nachmittagsrunde im strömenden Regen (ohne die Muddi) mitgegangen. Erst wollte ich unbedingt, dann doch lieber nicht. Der Papi hat dann gemeckert. Ich bin dann losmarschiert und hab mein Rudel angeführt.

Tessa hat getrödelt. Also, dass ich Hetty um die Pfote gewickelt habe, wisst ihr ja sowieso. Tessa ist da ne härtere Nuss.

1. Sie ist hier der Boss!
2. Behandelt sie mich meistens wie Luft.

Aber sie kuschelt eh nicht gerne. Sie will ihre Ruhe und ist genervt, wenn man was von ihr will. Obwohl gestern, als es mir nicht gut ging, ist sie auch in meiner Nähe geblieben.

Macht es wie ich und rollt euch ein, euer Alf.

Montag, 24. Februar. Montag ist doof. Da müssen alle wieder arbeiten. Als der Papi los ist, hab ich ordentlich gewimmert und geweint und bin, trappel, trappel durch die Gegend gelaufen. Als ich mich gerade entschieden, hatte mich wieder hinzulegen, ist die Muddi aufgestanden. Die Muddi hustet immer noch. Der Onkel ist alleine mit uns gegangen und ich war schnell.

Heute haben wir eine Gourmettüte bekommen mit den feinsten Leckerbissen! Leider durften wir nur zwei Stücke haben. Unsere Besucherin hätte uns mehr gegeben, aber die Muddi hat „nein" gesagt. Jetzt ist es kalt und fieser Schneeregen. Wir müssen mal gar nicht … aber wir müssen uns anziehen und los! Die Muddi hat das ultimative Lockmittel gefunden: Geflügelfleischwurst. Dafür gehe sogar durch den kleinen Wald … Ich muss mich jetzt fertig putzen und die Eisprinzessin geht in die Wanne.
Viele liebe Grüße, euer Alf.

Dienstag, 25. Februar. Oha, das war ne Nacht! Der Muddi ging es gar nicht gut und sie ist ganz früh in ihr Nest gekrochen. Was soll ich sagen? Ich hab mich einfach dazugelegt. Ganz eng an sie angekuschelt. Mehr als meine Liebe und Wärme zum Trost, kann ich ja nicht geben. Zum Glück, war es heute Morgen trocken zum Gassi gehen.
Ich hab heute einen Kasper gefrühstückt! Bin wie verrückt von einem Körbchen ins andere gesprungen, gedreht und dann mit Karacho aufs Sofa und wieder von vorne. Der Muddi sind fast die Augen aus dem Kopf gefallen!
Heute war die Muddi ganz schnell wieder zu Hause. Sie durfte nicht auf der Arbeit bleiben, weil sie heute ein Siebhirn und Erkältung hat (Leute, gaanz dünnes Eis … Siebhirn? Nää!). Zack, aufs Sofa und eingerollt. Wir drei haben sie bewacht. Ich am meisten. Heute fahren wir mit dem Papi zum Platz. Ich glaube, ich treffe da ein paar Jungs zum Rumgangstern!
Macht es gut, euer Alf.

Mittwoch, 26. Februar. Heute Nacht hab ich schön in meinem Körbchen geschlafen. Von da aus kann ich die Muddi auch bewachen. Heute Morgen ist der beste Onkel der Welt gekommen, um mit uns zu gehen. Die Mädels haben sich sogar ganz leise verhalten. Ich hab zwar „Hallo" gesagt und mich anziehen lassen, aber mitgehen war nicht. Ich kann die Muddi noch nicht alleine lassen. Nun liegen wir vier wieder im Wohnzimmer rum und schlummern.

Die Muddi hat schon ganz viel über meine kleinen Anfälle rausbekommen. Ganz viele Laboris haben das, wirklich viele!

Es kann sogar durch meine Impfung hervorgerufen sein. Eine Art Vergiftungserscheinung. Stress ist auch ein Auslöser. Die Muddi sagt es aber dem Dokta André aus Harsefeld. Wir warten erstmal ab … Hier ist sowieso gerade ein Krankenzimmer. Das medizinische Personal verlässt die Patientin nicht! Sogar Tessa, die sonst nach oben geht, bleibt da. Ich glaube, langsam mag Tessa mich.

Prima, als der Papi kam, bin ich endlich mal vom Hof gekommen! Natürlich waren wir auf dem Platz, da kann ich prima ohne Leine hin und her rennen. Tunnel, Reifen und Brücke kann ich ja. Steilwand und Wasserloch will ich nicht. Und Buddeln hab ich ja nie gelernt, kommt noch! Als Wachbeagle bin ich auch schon einsetzbar. Also, ich renne mit zum Zaun und freue mich über jeden!

So, jetzt wünsche ich mir, dass die Muddi morgen mal wieder den Bau verlässt. Ein Tag langt ja wohl!

Liebe Grüße, euer Alf.

Donnerstag, 27. Februar. So, heute bin ich freudig und freiwillig mit dem Onkel losgezogen. Langsam kann ich die Muddi wieder alleine lassen. Ihr geht es schon viel besser. Die Tessa liegt auch wieder oben … im Bett!

So langsam komme ich in dieser Welt an. Ich schnüffele und löse mich auch schon entspannt unterwegs. Wenn man mich ruft, drehe mich um. Bei „Stopp", bleibe ich stehen und bei „Hier", beagleflitze ich zurück. Ich möchte ja alles richtig und gut machen. Die Muddi sagt, dass ich das gaaanz toll mache! Ich hab es auch furchtbar gerne, wenn ich gelobt werde.

Nachmittags sind wir ne kleine Runde mit der Muddi gegangen, allerdings waren viele Menschen und Hunde unterwegs … und die Hälfte davon kennt die Muddi, also kein Weiterkommen! Und dann gibt es doch tatsächlich Menschen, die kucken mich nicht mal an. Ist das zu glauben? Ich laufe noch wedelnd auf die zu und die machen einen Bogen um mich. Das ist doch kein Benehmen! Kaum zurück, ging es mit dem Papi zum Platz. Einmal auspowern. Alle Kumpels waren da.

Habt einen schönen Abend, euer Alf.

Freitag, 28. Februar. Heute früh hat der Papi mich in sein Bett gelegt. Ach, was hab ich noch gut geschlafen! Ich bin sogar liegen geblieben, als die Muddi aufgestanden ist. Heute ist Hope zum Spaziergang gekommen. Das war ganz gut.

Eines habe ich heute gelernt: Ich liebe die Sonne, also ganz die Muddi. Ich habe heute vor der Terrassentür gelegen und mir die Sonne auf den Pelz scheinen lassen, wie schööön!

Ich bin ein Sonnenstrahlfänger! Beagle mögen Sonne, aber kein Wasser. Essen und noch mehr essen ist auch gut. Kuscheln, Zahnputzer und vieles mehr. Was ich nach 35 Tagen schon alles rausgefunden habe. Ich will ja nicht angeben, aber ich bin eben Superalf!

Der Papi ist auch froh, dass die Muddi wieder fit ist und er seine Sofaecke wiederhat. Deshalb hat die Muddi schöne Blumen bekommen. Dann hatten wir heute hier noch eine Diskussion. Ich glaube, wenn ihr was zu sagen hättet, würde ich Recht bekommen, hundertpro! Es ging ums „Kötern" (Terrassentür bleibt offenstehen und ich [die Mädels auch] können raus und rein, wann immer und sooft wir wollen!). Die Muddi fragt, ob ich noch alle Ecken am Körbchen hab? Im Sommer könnten wir da noch mal drüber reden. Also dafür könnt ihr mal meine zweite Petition unterschreiben! Mit dem Papi noch zum Platz gefahren und etwas gearbeitet. Nun ist Wochenende.

Bis morgen, euer Alf.

Samstag, 29. Februar. Da heute Wochenende ist, sind wir später aufgestanden. Tessa und ich passten noch mit ins Bett. Na ja, Hetty hätte auch noch reingepasst, aber der Papi war im Weg. Hab heute zum ersten Mal Leberwurstbrot bekommen. Mann, war das lecker! Das erste Stück hab ich weggetragen. Nummer zwei und drei sofort inhaliert!

Die Runde war ganz aufregend, viele blöde Mountainbiker unterwegs, mit Motor sogar und große und kleine Menschen auch. Ich würde mich ja am liebsten jedem vorstellen. Darf ich ja nicht ... Dann haben wir einen Film gedreht mit dem

Titel: "Pfützen umrunden für Fortgeschrittene." Später haben meine Menschen viel Unruhe im Bau verbreitet, da bin ich lieber mit rausgegangen und hab mal in Ruhe den Garten inspiziert. Nicht schlecht Digga! Ich fange unterwegs sowas Ähnliches wie markieren an. Also ich hocke mich neben den Stein, Pfeiler oder Baum und puller eben daneben. Is doch egal, oder? BEAGLEMÄNNER DÜRFEN DAS!

Jedenfalls bin ich jetzt schon selbstbewusster geworden. Auf dem Platz waren wieder alle und auch Quno. Da hab ich mich gefreut, mit dem mag ich ganz gern spielen.

So, morgen Vormittag treffe ich die Sonntagshunde-Runde. Küsschen, euer Alf!

Kapitel 2: Der Herzensbrecher

Sonntag, 1. März. Wisst ihr, was ich nicht verstehe? Warum ziehen sich die Menschen abends ihr Fell aus und morgens wieder an? Ich kuck da ja immer genau zu!

Die Sonntagshunde-Runde war sehr schön. Da gibt es viele Bonbons. Heute waren Kalle und Penny dabei. Leider war der Wind furchtbar kalt, und die Muddi und ich haben gefroren. Wir waren froh, als wir wieder auf dem Sofa gelandet sind. Die Muddi hätte mehr Fell anziehen müssen! Unser Sonntagsbesuch ist heute auch hier. Menno, eine Unruhe hier! Der Menschenwelpe ist auch da. Ist ja nicht so meins, aber gehört ja zum Rudel. Die Nachmittagsrunde war daher auch nicht in meinem Sinne … viel zu langsam, aber morgen geht es wieder wie immer.

Schönen Restsonntag, euer Alf.

Montag, 2. März. Tante und Onkel haben Urlaub, deshalb sind wir alle zusammen spazieren gewesen. War für meinen Geschmack etwas lahm. Hab zweimal ordentlich Beagleflitzen gemacht! Dann fliege ich den Berg runter und über die Hasenwiese. Die Muddi sagt, da geht ihr das Herz auf. Ich verteile dann gute Laune und Sternenstaubglitzer. Ach, so ein Hundeleben kann so schööön sein!

Ich war heute ganz viel draußen in der Sonne. Das war sehr schön. Hab die Muddi auch gar nicht vermisst, obwohl sie drin war. Auf dem Platz hab ich mich mit meinem Kumpel Quno getroffen. Der hört auch gut, wenn die Muddi ruft.

Ich wünsche mir noch mehr sonnige Tage!
Bis morgen, euer Alf.

Dienstag, 3. März. Heute waren wir mit Onkel und Tante unterwegs, die Muddi musste mal wieder arbeiten. Als die Muddi nach Hause kam, bin ich wieder voll durchgedreht. Hetty aber auch. Wir wollten gerade zum Platz, da kam der Papi dazu und wir sind alle gemeinsam gefahren. Heute habe ich Yambo kennengelernt. Das ist ein Rhodesian Ridgeback und schon 9 Jahre alt, glaube ich. Wir haben auf dem Platz so unser Männerding gemacht. Gebellt haben wir auch zusammen. Bei Yambo hört sich das wie ein tiefes „Uuuh, uuuh" an − bei mir wie ein rostiges „Huhuu". Und Hope, die Huskylady schnattert immer … Ich sag es euch, voll durchgeknallt meine Kumpels!
Bis morgen, euer Alf.

Mittwoch, 4. März. Heute war nichts mit nettem Vormittag. Dokta André, der Kardiologe war angesagt! Meine Menschen haben sich Sorgen gemacht. In meinem kleinen Körper wurde ein großes Gerät mit langen Kabeln implantiert. Das wurde bei meiner Arbeit gemacht, damit die Menschen Sachen mit mir machen konnten. Das war furchtbar, tat weh und hat mir Angst gemacht. Tierversuche, heißt das. Keiner konnte oder wollte uns genauere Auskunft darüber geben. Deshalb musste ich zum Dokta, der war sehr nett zu uns. Obwohl ich lieber nicht da wäre, halte ich still und ertrage alles. Ich wurde geröntgt. Es wurde Blut abgenommen (großes Blutbild) und mein Herz wurde untersucht (EKG und Herzschall). Soweit bin ich ganz gut drauf. Ich habe eine leichte Herzinsuffizienz, die aber noch nicht behandelt werden muss. Meine Anfälle müssen wir beobachten, auch nicht bedenklich. Am wahrscheinlichsten wurden mir irgendwelche Medikamente injiziert, die irgendetwas ausgelöst haben, was dann aufgezeichnet werden konnte. Egal ist ja vorbei! Die Blutergebnisse haben wir noch nicht. Und nun guckt sich noch ein schlauerer Dokta die Röntgenbilder an. Mal sehen, was der sagt.

Meine Innenbilder sind etwas Besonderes. Vielleicht bin ich der Einzige mit so einem Eventrekorder im Körper, der jemals ein Versuchslabor lebend verlassen hat! Andere Institute geben „solche" Hunde nicht raus. Angeblich bekommen sie dort dann ihr „Gnadenbrot".

Auf den Hundeplatz waren wir heute ohne Kumpels, war trotzdem ganz prima! Hab wieder meinen Parcours abgelaufen. Alles wird gut!

Liebe Grüße, euer Alf.

Donnerstag, 5. März. Heute haben wir eine große Runde gedreht. Das war sehr schön, ich bin immer vorangelaufen. Einige Male musste ich sogar gefährliches Wasser überqueren. Aber es war so schönes Wetter. Kaum gefrühstückt, hab ich endlich mal wieder Besuch bekommen. Die Mama von Lana war hier. Ich hab sie ganz voller Beagleborsten gemacht! Und Geschenke hab ich auch bekommen. Eine riesige Hundewurst! Die teile ich aber.

Heute durfte ich das erste Mal bei Hetty Kontaktliegen. Erst hat sie etwas gegrummelt, ist dann aber doch liegen geblieben. Bestimmt eine halbe Stunde lang! Heute Abend ging es mit dem Papi zum Platz. Männerrunde mit den Kumpels Yambo und Calliou. Bin meinen Parcours alleine abgelaufen und elegant von der Brücke gesprungen! Habt einen schönen Abend.

LG, euer Alf.

Freitag, 6. März. Heute bin ich seit sechs Wochen in meiner Familie. Ich werde täglich mutiger!

Das Wetter lässt heute mal wieder zu wünschen übrig. Nur so leichter, ekliger Nieselregen. Gar nicht schön! Wir haben auch nix und niemanden im Wald getroffen. Zum Frühstück gab es heute von der leckeren Wurscht. Finden wir drei köstlich. Danke, Lana Mama!

Die Muddi hat heute nochmal mit dem Dokta telefoniert. Mein Blut ist gut. Den Rest erledigt jetzt das gute Futter plus Heilerde. Die ist gut für die Darmflora. Bei diesem Wetter liegen wir alle nur faul rum. Außer die Muddi, die stört immerzu! Tante will ja unbedingt, dass ich einen Mantel bekomme. Nun hat sie ihren Kopf durchgesetzt und einen bestellt. Die Muddi hat zum Glück was ganz Schlichtes ausgesucht. So einen Superman-Umhang! … Nee, was in grün! Die Nachmittagsrunde war genauso eklig nass wie heute Morgen. Nun ist der Kamin an, damit wir trocknen und nicht stinken!

Bis morgen, euer Alf.

Ich hatte gestern meinen ersten Albtraum. Ich hab bei Papi angelehnt geschlafen und geträumt. Ihr wisst schon, so Geräusche aus dem Hals und gelaufen …

Auf einmal bin ich aufgeschreckt, hab geknurrt und um mich geschnappt! Meine Schwestern sind SOFORT neben mir gewesen und haben mich gesichert. Der Papi hat mich abgefasst und beruhigend auf mich eingeredet. Das alles ging ganz schnell. O Mann, da sagen doch Menschen, dass Tiere nichts fühlen können und keine Erinnerung haben!
Muddi sagt: „Scheiß drauf, wir wissen es besser!"

Samstag, 7. März. Heute ist der Papi mit uns zum Platz gelaufen. Dort war eine Hundetrainerin zu Gast. Die meiste Zeit waren wir im Auto. Also ich vertrage mich ja mit jedem. Über mich sagt sie, ich sei ein Autist. Na ja, stimmt irgendwie schon! Ich gehe zu Menschen hin, aber mit einer Demutshaltung. Für mich sind Nähe, Liebe, Geduld, Bonbons und nur nette Menschen um mich herum wichtig. Meine Schwestern haben mich gern, und wir sind ein gutes Rudel. Paar Dinge gibt es im Umgang mit mir zu beachten, aber das sag ich euch, wenn wir uns sehen.
Nach fünf Stunden bin ich nun ordentlich kaputt. Liebe Grüße, euer Alf.

Sonntag, 8. März. Immer wieder sonntags … mit der Sonntagsrunde treffen! Heute war Kalle, die Dogge aus Kiel nicht mit, dafür Leila. Leila ist futterneidisch und hat nach mir geschnappt. Huuch, da war ich erschrocken! Beim zweiten Mal hab ich mich gewehrt, also wir schnappen nur in die Luft. Es gab von Pennys Mama wieder leckeres, selbst gedörrtes Hühnchen. Als wir zu Hause waren, haben wir schön gefrühstückt. Danach dann mit Papi ein Schläfchen gehalten. Leider hatte ich dann direkt einen Anfall. Muddi sagt, ich soll mich schonen für den Rest des Tages. Sie glaubt auch, dass Stress das auslöst. Sie hat geschafft, das etwas zu filmen. Wir glauben nicht, dass es lebensbedrohlich ist, aber meine Menschen sind schon beunruhigt …

Bleibt gesund und bis morgen, euer Alf.

Montag, 9. März. Gestern Abend habe ich noch viele „Todesfürze" verschossen … dann musste ich in der Nacht. Jaa, ich hab der Muddi „Bescheid" gesagt! Und das war ganz dringend. Muddi ist stolz auf mich. Heute Morgen waren wir unsere normale Runde spazieren. Keine besonderen Vorkommnisse! Ich hab an allen meinen Pinkelsteinen haltgemacht. Das muss so!

Heute waren wir so zwei Stunden alleine. Ich finde das nicht schön. Als die Muddi wieder da war, haben wir erstmal einen Begrüßungstanz aufgeführt. Danach hab ich die Muddi nicht gefunden und hab laut gebrüllt. Dabei war sie nur draußen. Ich bin so durchgedreht, als sie wieder reinkam. Hin und her geflitzt und immer wieder an ihr hoch. Hetty dachte, ich will spielen und hat mich ganz lieb aufgefordert. Aber ich wusste nicht, was ich machen soll. Auf dem Hundeplatz waren alle meine Kumpels. Wir sollten für ein Gruppenfoto stillsitzen … träumt weiter!

Übrigens, heute sind alle Tiere aus dem LPT in Neugraben befreit worden!

Bis morgen, euer Alf.

Dienstag, 10. März. O Menno, ich hatte schon wieder einen Albtraum und bin schreiend und schnappend aufgeschreckt! Zum Glück war der Papi gleich neben mir. Die Muddi denkt, dass ich jetzt die fünf Jahre im Todeslabor verarbeite. Rechts und links von mir in den Käfigen haben andere ja auch gelitten und geweint. Das musste ich auch erleben. Na ja, jedenfalls durfte ich wieder mit im Bett schlafen. Ich liebe die Nähe und Wärme. Ich bewege mich fast gar nicht, damit ich nicht rausfliege!
Heute früh mussten wir schon um 7.30 Uhr raus in dieses eklige Wetter. Nöö, das mögen wir alle nicht! Wir haben noch ein Rudel getroffen, und ich hab wieder viele Bonbons bekommen. Danach musste die Muddi zur Arbeit. Wir waren leise und brav, kannst die Nachbarin fragen! Dann war mich noch mein liebster Postmann besuchen. Er brachte Bonbons und den doofen Mantel. Ich wollte heute sowieso nicht mehr raus!
Hetty hat so viel Geduld und Liebe in sich, sie versucht immer wieder mich zum Spielen zu animieren. Ein bisschen hat das heute geklappt. Zweimal sogar! Wir sind mit dem Papi zum Platz gefahren. Die Kumpels kommen auch. Außer Yambo, der hasst Regen. So groß und genauso wasserscheu! Ich wollte aber unbedingt mit. Gleich schön abrubbeln lassen und zusammenrollen.
Bis morgen, euer Alf.

Mittwoch, 11. März. Heute Morgen schien endlich mal die Sonne und es hat nicht geregnet. Ich hab mich trotzdem wieder geziert loszugehen. Unterwegs ist das dann doch toll.

Ich kann alle meine Pinkelsteine besuchen, und die Krönung der Runde war Michel! Michel ist ein Zuchtbeagle. Er ist auch fast 5 Jahre alt und wiegt auch 13 kg. Das Herrchen war ganz erstaunt, wie toll ich schon bin! Aber alle meckern über meine steifen Hinterbeine. Menno, ich hatte doch viereinhalb Jahre keinen Auslauf und so! Das wird schon, sagt die Muddi. Und was die Muddi sagt, ist Gesetz!

Heute Nachmittag bekomme ich endlich mal wieder Besuch. Eddy und Piri, zwei Bolonkas kommen her. Dann machen wir einen großen Spaziergang.

Mittags hat unser Super-Doc angerufen. Ich muss jetzt zweimal täglich Luminal-Tabletten nehmen, damit ich keine Anfälle mehr bekomme. Und ich muss in zehn Wochen nochmal zum Röntgen. Die Verkapselung (Granulom) muss beobachtet werden. Der Professor hat auch gesagt, wenn alles so bleibt, brauche ich nicht operiert werden.

Mit Eddy und Piri war es ganz okay. Tessa und Piri sind beide Chef! Eddy und mir war das egal, und Hetty stand irgendwie dazwischen. Am Ende hat dann doch jeder seins gemacht.

So, das war mein Tag. Bis morgen, euer Alf.

Donnerstag, 12. März. Ach, heute Morgen war das Wetter ja wieder zum im Körbchen bleiben! Es hat so gestürmt, geregnet und gehagelt. Wir haben uns trotzdem auf den Weg gemacht. Was tut man nicht alles für seine Leute!

Um nicht durch eine Pfütze zu müssen, bin ich durch das hohe, piksige Heidekraut geklettert. Bauchkitzelalarm! Nach dem Schläfchen gab es ein Kauteil. Das hab ich, wie die

Prinzessin auf der Erbse, draußen auf zwei Körbchen liegend geknabbert! Schließlich schien die Sonne.

Immer wenn eine der Mädels draußen ALARM ruft, fange ich an zu quietschen und muss raus und mitmachen. Die Muddi fragt, seit wann ich mir einen Türöffner leisten kann!? Na, seit dem 24. Januar natürlich!

Auf dem Platz war es heute ganz schön kalt und windig. Jahaa, ich hab einen Mantel, aber das ist zu peinlich … zu Hause lecker den Zahnputzer verhaftet und eingekuschelt. Ich will Sommer! Die Muddi auch. Lasst es euch gut gehen. Euer Alf.

Freitag, 13. März. Schon wieder Regen heute Morgen. Ich kann das ja nicht leiden, rausgehen will ich dann auch nicht. Aber die Muddi sagt, das muss sein. Schließlich muss ich alle meine Pinkelstationen kontrollieren und markieren! Jaa, alles meins hier inzwischen! Ich lauf auch immer vorne, bin ja der Mann im Rudel!

Obwohl, ich dreh mich immer um und lauf zwischendurch zur Muddi (Bonbon holen). Zu Hause gab es dann Frühstück und ab aufs Sofa. Heute ist ja Freitag, der 13. Jetzt wohne ich seit sieben Wochen hier und mache meine Menschen immer noch glücklich … und sie mich auch! Hetty hat mich sowieso lieb und Tessa wird auch schon netter. Auf dem Platz waren wir heute mit neun Hunden. Na, das war ein Gewusel! Ich spiel noch nicht mit, aber ich bin mittendrin. Das wird schon. Am meisten freue ich mich auf meinen Zahnputzer, wenn wir nach Hause kommen. Gerade bin ich ein wenig beunruhigt. Der Papi macht komischen Lärm. Muddi sagt, ich brauch vor der Bohrmaschine keine Angst haben. Na gut, dann bleib ich sicherheitshalber auf dem Sofa.

So, bis morgen Freunde! Schönes Wochenende, euer Alf.

Samstag, 14. März. Heute ist ja Wochenende, da schlafen wir länger. Sicherheitshalber hab ich die Muddi aber zur normalen Aufstehzeit geweckt. Ich durfte dann mit ins Bett, Hetty ist auch reingekommen. Wir sind dann doch aufgestanden, denn ich muss ja jetzt jeden Morgen und jeden Abend um 8.00 Uhr meine Leberwurst-Tablette bekommen. Wir sind danach aber alle nochmal ins Bett gekrabbelt. Nach dem Vorfrühstück sind wir dann bei strahlendem Sonnenschein losmarschiert. Ich bin ziemlich gut zu Pfote inzwischen. Habe auch schon feste Ballen bekommen. Heute war trotz des tollen Wetters nicht viel los im Wald. Das war schön entspannt. Heute hab ich das erste Mal mein Bein gehoben! Die Muddi hat es geknipst. Und sie war auch ganz aus dem Häuschen! Der Papi sagt, sie hat nen Knall …

Die Muddi hat heute Mittag ein bisschen draußen gespielt und ich wusste nicht, wo ich hinsollte. Rein oder raus? Na ja, war fast immer mit draußen und hab auf der Fußmatte in der Sonne gelegen.

Ich hab keine Zeit zum Chillen, denn ich versuche den Papi zu erziehen! Der ist ja sonst nur abends da. Heute hab ich dann mal Zeit, mit ihm zu üben. Das zu tun, was ich möchte. Muddi hat uns draußen ein (stinkendes) Kauteil gegeben. Ich hatte ordentlich Arbeit damit, Tessa nicht. Hetty hat ihres eingebuddelt. Auf dem Platz waren wir heute alleine, und der

Papi hat den Spieß umgedreht und mit uns geübt. Jetzt bin ich wieder kaputt und schlafe erstmal ne Runde.
Bis dahin, euer Alf.

Sonntag, 15. März. Heute ist Sonntag. Das heißt, wir dürfen nicht so trödeln, wir sind verabredet. Heute waren Penny, Leila, Buffy und wir drei unterwegs. Mir geht es heute nicht so gut. Hab Durchfall. Bestimmt weil ich die Bonbons inhaliert habe! Aber die Muddi wäre nicht die Muddi, wenn sie nicht für solche Fälle vorgesorgt hätte. Na klar, gab es Morosche-Suppe! Vermutlich muss sich mein Körper erst an die Medizin gewöhnen.
Ach ja, ich wiege jetzt 12.6 kg noch 1 kg runter, dann bin ich so, wie ich soll. Nachmittagsrunde war ganz entspannt. Ich muss ja immer zu allen Fußgängern hin und „Hallo" sagen. Manche Leute sind nett zu mir, andere beachten mich gar nicht. Heute war der Mensch ganz freundlich. Die Muddi wundert sich immer darüber. Wahrscheinlich bin ich einfach ein positiver Hund. Ach, wenn ich doch reden könnte!
Habt einen schönen Sonntagabend, euer Alf.

Montag, 16. März. Es ist Montag und die Zeit zum Frühaufstehen ist wieder da. Heute ist zur Abwechslung (und seit langem) Tessa noch in Muddis Bett gekommen. Bei der Runde haben wir die Wilma mit ihren fünf Kumpels getroffen. Ich wollte mit denen mitgehen, durfte aber nicht, obwohl wir nicht schneller waren. Am Ende habe ich noch lauthals Bescheid gesagt: „Muddi, Muddi! Da kommt Raika mit Bombom-Heike! ... waaarrrtteee!"

Na ja, Kopf durchgesetzt und Bonbon im Hals! Die Muddi war saurig. Meinem Bauch geht es auch wieder gut. Hab einen ordnungsgemäßen Kackhaufen gemacht! Ich kann sogar Zahnputzer durch zwei Tüten riechen. Bin voll die Futter-Finde-Maschine! Ich hab die gefunden, ich darf die behalten, alles meins. Uund, ich habe mir das erste Mal etwas zum Spielen ausgesucht. Ist zwar ein Striegel, aber ich hab mir den selbst geholt und ins Körbchen getragen. Muddi hat das dann ausgetauscht.

Is cool, wir sind heute draußen. Corona legt auch Muddis Arbeit lahm ... Heute stalke ich wieder besonders schlimm. Wieso haut die Muddi auch so lange ab? Selber schuld! Jetzt muss ich sie besser bewachen. Auf dem Hundeplatz war alles gut. Da war Quno, der Bulli und Fips, der Mops. Beide meine Größe, aber die Rennspiele mach ich noch nicht mit. Kommt noch. Heute ist wieder ein Knoten geplatzt, sagt meine schlaue Muddi.

Bleibt gesund und bis morgen, euer Alf.

Dienstag, 17. März. Wir sind heute mit der Wilma die Runde gegangen. Na ja, erst war Hetty kurz weg, danach dann Tessa. Aber nur kurz. Alle haben sich gewundert, wie toll ich abrufbar bin. Jaaa, da können sich die Mädels eine Scheibe abschneiden! Meine Medizin bekommt mir gut. Ich bin interessierter an meiner Umwelt und neugierig, stecke überall meinen Rüssel rein. Nach dem Frühstück ist die Muddi in den Keller gegangen, Wäsche machen. Ich bin ja gerne im Keller. Da gibt es viel zu untersuchen. ABER, ich hab schon wieder in den Keller gepinkelt! Die Muddi hat mich voll erwischt und voll angemeckert und gesagt, ich soll verschwinden! Sie versteht nicht, wieso ich immer in den Keller pinkel! Bei Onkel und Tante mache ich das ja auch … Und nu, ist sie wieder sauer. Wie gestern Abend als ich über ihr Käsebrot geleckt habe … schade.

Heute scheint nicht mein Tag zu werden. Die Mädels hängen ja viel draußen rum. Tessa bewacht vorne, Hetty hinten. Irgendwie hab ich noch keinen richtigen Job hier. Die Waldpforte will ich nicht bewachen. Also bleib ich lieber im Bau. Allerdings will ich dann doch lieber raus und rein, ich könnte ja was verpassen … Kaputt machen hab ich auch geübt. Taschen durchsuchen auch. Ebenso wie an Muddis Jackentasche (Bonbons) nagen. Tja, ich bin dann wohl angekommen. Auf den Platz wollte die Muddi nicht mit. Ich weiß nur, dass Hope und mein Buddy Yambo auch da sind. Bis morgen, euer Alf.

Mittwoch, 18. März. Die Morgentour mal anders gelaufen. Ich bin sogar freiwillig durch den kleinen Wald gegangen. Am Ende des Weges hatte ich eine Spur in der Nase. Dann quieke ich immer, hab es voll eilig und gucke die Muddi an, damit ich sehe, ob sie mich verstanden hat und weiß, was für eine wichtige Mission ich habe! Jaaa, ich hatte das Wilma-Rudel in der Nase. Wir sind aber nicht hingegangen … die Muddi musste doch zur Arbeit. Als sie wiederkam, hab ich das gar nicht mitbekommen. Hab oben im Körbchen geschlafen. Aber holla, dann ging die wilde Begrüßung richtig los! Jetzt lass ich sie lieber nicht mehr aus den Augen, besser isses … Auf dem Platz waren wir heute wieder im

9er-Rudel. Ich werde zwar aufgeschlossener, aber am liebsten mach ich meinen Parcours oder hänge bei den Menschen rum. Ralf und mein Kumpel Yambo kucken dafür immer die Muddi halb verhungert an … Wenn wir nach Hause kommen, bin ich immer der Erste. Ich weiß, wo ich und die Zahnputzer wohnen. Bleibt gesund und haltet Abstand.

Bis morgen, euer Alf.

Donnerstag, 19. März. Moooin, ich bin heute nach dem Weckerklingeln nur kurz ans Bett und hab „Hallo" gesagt und dann wieder in mein Körbchen. Ich war gar nicht so zappelig wie sonst. Irgendwie hab ich das Morgenritual wohl verinnerlicht. Ich bin sooo schlau! Beim Spazieren haben wir wieder die nette Frau getroffen, die hat sich genauso gefreut wie ich. Bin heute fast die ganze Zeit frei gelaufen. Ab und zu war ich an der Flexileine zum Üben. Kann ich! Wenn ich jemanden erkenne, bin ich ganz verrückt. Heute war meine Nachbarin draußen im Garten. Oh, ich hab vielleicht einen Lärm gemacht, damit sie mich bemerkt!

Im Bau war die Muddi dann verschwunden, aber ich hab gaaannzz laut gerufen. Schwupp, war sie wieder da (finde den Fehler!)! Sie hat mich dann mit nach ganz oben genommen. Huch, da ist auch noch ein Zimmer. Das hab ich dann erstmal untersucht. Da hab ich einen Plastikbecher ergattert. Mit dem konnte ich toll spielen und rumtragen bis ins Wohnzimmer. Ich durfte ihn nicht behalten. Dafür hab ich ein Stück Horn bekommen. Aber das knistert und knackt nicht. Schade und langweilig … Die Muddi ist heute nicht

mit zum Platz gekommen, sie hatte kalte Füße. Digga, ich hab noch nicht mal Schuhe! Jammern auf hohem Niveau! Dafür sind aber alle Kumpels da. Bleibt gesund und brav, sonst gibt es Stubenarrest!
Liebe Grüße, euer Alf.

Freitag, 20. März. Heute hat mich der Papi aufs Bett gelegt, damit er seine Ruhe hat. Mich hat nicht mal der Wecker gestört. Bin einfach noch liegen geblieben. War schön gemütlich. Ich komm jetzt gleich mit zum Spaziergang. Ohne Leine! Die Muddi hat meine Glücksleine mitgehabt. Zwischendurch üben wir, an der Leine zu gehen. Klappt selbstverständlich! Im Gelände war nix los, nur ein Jogger und eine Frau mit vier lauten, wilden Kindern. Vor denen hat Hetty ja voll doll Angst. Also wollte ich aus Solidarität auch nicht an denen vorbei. Wir haben es dann doch geschafft weiterzugehen. Danach war alles wie immer, also toll!
Frühstück, Schläfchen und Rausschmiss! Die Muddi hat das Rüsselmonster rausgelassen. Später hat sie dann Wippe mit mir geübt, mit Bonbons … Im Übrigen bin ich jetzt zwei Monate hier.
Irgendwann haben meine Leute mal gekuckt, was ich für Geräusche vor der Terrassentür mache. Tja, hab meine Bürste erwischt und geschreddert! Ich komme an in dieser Welt. Auf dem Platz war viel los. Bodo, der Balljunky hat ne Mütze geklaut und alle sind wie die Verrückten rumgeflitzt. Das war ein Spaß!
Bis morgen, euer Alf.

Samstag, 21. März. Wochenendeee! Bisschen länger rumgammeln. Na ja, um 8.00 Uhr muss ich sowieso aufstehen. Pille nehmen. Alles gut. Schon zwei Wochen ohne Anfall. Unsere Morgenrunde war ganz entspannt. Wir hatten mächtig Hunger, als wir wieder zu Hause waren. Danach wie immer ein Nickerchen und dann ab in den Garten. Stellt euch mal vor, wir haben auch für den Garten ein Rüsselmonster! Ohne Rüssel, aber definitiv ein Monster! Ich wollte lieber rein. Die Muddi hat mich überzeugt, doch draußen zu bleiben, mit einem großen Kauteil. Die Muddi war ja zum Glück auch draußen. Draußen steht auch so ein komischer Trinknapf. Der war von Tessa, als sie krank war und eine Halstüte brauchte. Seit gestern trinke ich auch daraus. Sonst bin ich immer reingelaufen zum Trinken.

Nachmittags haben wir einen kleinen Familienausflug ins Gelände gemacht. Ich hab meinen Kumpel Jackson getroffen. Mit dem hab ich gespielt. Das allererste Mal überhaupt in meinem Leben! Zwar nur einen kurzen Moment, aber ich habe gespielt. Heute haben wir noch ein Abenteuer … Feuer machen und grillen.

Erzähl ich euch morgen.

Liebe Grüße, euer Alf.

Sonntag, 22. März. Grillen war gut. Leider gab es nichts für mich ab. Trotzdem hab ich die Muddi aus dem Bett geholt. Gab ja ne Beinsehne am Nachmittag, also musste ich nochmal raus. Der Spaziergang war heute anders, viele Hunde, Pferde, Rad- und Fußmenschen unterwegs. Musste viel an der Leine bleiben, weil ich ja zu jedem „Hallo" sagen möchte. Die Radrenner und Reiter mögen mich nicht, wieso eigentlich nicht? Nach dem Essen musste ich mit in den Garten. Auf der Fußmatte vor der Tür ist mein Lieblingsplatz, da hab ich schön alles unter Kontrolle. Ich wollte ja keine Pforte bewachen, wie ihr wisst. Und mit Recht! Heute ist hier voll der Massentourismus am Zaun! Hetty hat voll zu tun! Ich geh mit kucken, verbellen muss sie alleine.

Waren heute kurz auf dem Platz, solange wir noch dürfen. Meine Muddi sagt, wir müssen jetzt alleine zum Platz. Das ist voll blöde, finde ich. Na ja, hilft nix! Bis morgen ihr Lieben und haltet Abstand.

Küssis, euer Alf.

Montag, 23. März. Die Morgenrunde war sehr schön. Eine Ruhe und Stille im Wald, dafür war die Nacht unruhiger. Die Muddi musste einmal für mich und zweimal für Tessa aufstehen. Selber schuld! Was gibt sie uns auch frische Knochen? Ach ja, ich glaube, ich hab jetzt jedes Zimmer markiert. Heute das Arbeitszimmer, gegen das Bücherregal. Die Muddi stand daneben und hat nix gesagt … nur gleich ein Tuch auf den See geschmissen. Hab mich heute von einer Ecke in die andere gepackt, hab keinen gemütlichen Platz gefunden. Die Muddi musste auf den Apothekenmann warten und dann sind wir zusammen los. Waren paar Leute unterwegs. Aber so, wie das erlaubt ist! Vor uns ging ein Paar mit einer Katze. Die ist so mitgelaufen wie ich, also ohne Leine. Dann im Wald, ein Stück hinter der Pfütze, so etwa hundert Meter, ist uns ein Wildschwein über den Weg gelaufen. Voll Abenteuer heute! Freue mich auf morgen. Liebe Grüße, euer Alf.

Dienstag, 24. März. Morgens um 8.00 Uhr haben wir das Gelände ganz für uns. Die Muddi ist dann immer ganz entspannt, wir dann natürlich auch. Die Sonne scheint, überall Tiergeräusche und Gerüche. Ich bin schon ganz gut in der Spurensuche. Ich sag Bescheid, wenn ich was Spannendes rieche. Dann ruft die Muddi und ich bekomme Bonbons.

Ich hab doch gesagt, ich freue mich auf neue Abenteuer! Heute hatte ich ein Tolles! Die Mädels waren ihre Runde drehen und ich habe Nasenarbeit gemacht. Ich brauch keinen Schnüffelteppich, ich habe Heidekraut! Das war ganz toll, nachdem ich verstanden habe, was zu tun ist. Trotzdem hatte ich mega Hunger, als wir zu Hause waren.

Kurzes Schläfchen von zwei Stunden und dann ging es schon wieder in den Garten. Die Muddi hatte gar keine Zeit zum Knuddeln. Andauernd hat sie irgendetwas anderes angefasst und mich weggejagt, sowas von gemein. Nachmittagsrunde war nix los. Der Papi war heute Chef. Haben Bella Bulli getroffen, aber da darf ich nicht hin, auch gemein!

Zu Hause, als ich dachte, mich sieht keiner, bin ich oben auf dem Rasen bestimmt viermal hin und her gedüst. Einfache Strecke, etwa zwanzig Meter. Die Muddi hat es oben aus dem Fenster gesehen. Wer ist hier der Stalker?

Bleibt gesund und bis morgen, euer Alf.

Mittwoch, 25. März. Heute war ganz normal. Außer dass ich ins Haus gekackt habe (Muddi hat nix gesagt!).

Der Spaziergang … ohne besondere Vorkommnisse! Heute war es schön warm in der Sonne. Die Muddi hat schon wieder mit irgendwelchen Sachen rumgetüddelt, gebuddelt und so langweiligen Kram. Inzwischen hab ich den Garten schon komplett erkundet und fühle mich wohl draußen. Hab heute mal Wasser mit Erde probiert. Kann man trinken, muss man aber nicht. Aber frische Luft macht müde. Deshalb mache ich Siesta. Nachher fahren wir mit dem Papi zum Platz, da werden wir ein bisschen üben. Sind ja alleine da. Also das war alles für heute.

Liebe Grüße, euer Alf.

Donnerstag, 26. März. Bin heute schon ganz früh aufgestanden, da ich dringend rausmusste. Dann mussten eben alle aufstehen! Haben noch ein bisschen gechillt, bevor es in den Wald ging. Sind heute mal wieder einen anderen Weg gegangen. Wir drei waren ganz prima unterwegs! Frühstücken, schlafen und in den Garten gehen. Die Muddi hatte wieder dies und das zu tun, z. B. eine Palette streichen. Solange sie das ohne Handschuhe gemacht hat, war alles gut. Dann hat sie sich die Dinger angezogen und ich bin zu ihr hin, immer die Schnute in die Handschuhe und doll gespeichelt … und mich ganz klein gemacht. Hab auch bisschen Farbe im Pelz. Die Muddi hat gemerkt, dass ich verstört war. Handschuhe aus und ausgiebig gekuschelt. Trotzdem bin ich dann lieber ganz alleine rein. Das ist bestimmt ein Trauma aus dem Labor. Keine liebenden

Hände. Nur Hände mit Handschuhen, die einem wehtun. Schlafen, vor der Laborwelt fliehen? Außerdem vermisse ich meine Hundekumpels! Ob ich sie jemals wiedersehe? Viele meiner Freunde waren auf einmal für immer weg … Ich habe nie mehr etwas von ihnen gesehen, gehört oder gerochen. Aber meine Familie passt auf mich auf, für immer! Na ja, wenigstens meinen Best Buddy Yambo sehe ich heute noch. Nach dem ganzen Handschuhschock habe ich einen Handfeger mächtig vermöbelt. Ich war richtig kämpferisch! Den hab ich geschüttelt und gebissen! So, genug für heute. Hundekuss, euer Alf.

Freitag, 27. März. Ooch, heute Morgen war ich echt motivationslos. Gar keine Lust, loszugehen. Wenn die Muddi aber so gerne raus will, mach ich mit. Wir haben wie jeden Morgen die netten Walker getroffen und rücksichtslose Radrenner auf ihren Fahrraddrohnen. Die Muddi dann so: „Idiot!", und Mittelkralle nach oben. Später musste ich auf Baumstämmen balancieren. Hat sogar Spaß gemacht. Zu Hause musste ich noch Wippe üben. Die Wippe ist von Callious Papa, damit ich Muskeln aufbauen kann. Dann gab es endlich Frühstück.
Der Papi war heute zeitig zu Hause. Da hab ich mich gefreut. Hab mich mit Quno, dem Bulli getroffen, aber so richtig ist das auch nicht. Heute ist wieder Freitag und ich bin neun Wochen hier bei euch.
Liebe Grüße und bleibt gesund, euer Alf.

Samstag, 28. März. Heute früh hab ich gleich meine Leberwurst-Pille in meinen verschlafenen Schnabel gesteckt bekommen. Ist ja Wochenende, da schlafen wir ja länger. Sollte ich euch noch erzählen … Die Muddi, nää, die zieht ihre Socken meistens auf dem Badewannenrand an. Und ich als guter Stalker, geh dann auch mit meinen Pfoten auf den Wannenrand. Da hat der Papi aber gestaunt!

Der Spaziergang war ganz prima, viele Leute unterwegs. Überall am liebsten „Hallo, nette Leute" sagen. Vielleicht haben die ja Bonbons dabei für mich? Soll ich ja eigentlich nicht. Wir sind dann durch den Wald, da sind nur die Rehe. An der Pausenbank habe ich Lilly und Lola getroffen. Auf dem Rückweg haben wir unseren Menschenwelpen getroffen. Das war auch schön. Aber zu Hause war es ganz gruselig. Der Papi hat mit so einem lauten Wasserding (Kärcher) meinen Garten bearbeitet. Alles war nass und matschig, igittigitt. Ich sag es euch! Die Muddi sagt, damit haben sie bestimmt die Zwinger gereinigt. Nein, das hat mir nicht gefallen. Hab viel und laut geheult wie ein Beaglewolf. Das war mir zu unruhig heute. Trotzdem hab ich versucht, den Gartenschlauch zu verschleppen. Abends noch mal fix zum Platz und Yambo getroffen.

Habt einen schönen Abend und bis morgen, euer Alf.

Sonntag, 29. März. Zeitumstellung vorm Aufstehen … aber dann haben wir uns alle nochmal eingerollt. Doofes Wetter heute und die Muddi hat Knochenschmerzen. Also haben wir alle ganz lange rumgetrödelt. Der Papi ist dann mit uns losgegangen. Ich hab ihm den Weg gezeigt. Ich kenn den ja! Einmal hat der Papi sich verlaufen. Ich hab dann ganz laut gerufen! Zum Glück hat er geantwortet und ich bin schnell hin zu ihm. Echt, auf alles muss ich aufpassen! Als wir wieder zu Hause waren, hab ich laut Bescheid gesagt: „WIIIR SIIND DAAA!" Echt, wieder keine Antwort … musste ich schon wieder los und dieses Mal die Muddi suchen. Zum Glück hab ich sie oben gefunden. Jetzt ist erstmal Pause angesagt.

Später sind wir zum Platz. Die Muddi war mit und ich hab für euch Couchpotatoes Sport gemacht. Den kompletten Parcours. War ganz schön kalt und windig. Ich hab euch gern.

Bis morgen, euer Alf.

Montag, 30. März. Uui, heute früh sah meine Welt schon wieder anders aus: Schnee … und ziemlich viel davon. War nicht schlimm drauf zu laufen. Ich hatte auch meinen Mantel an, wie der Tante versprochen. Den Wald hatten wir wieder für uns, keine Leute unterwegs, nur Hundeleute. Wir haben Raika getroffen, die finde ich ziemlich gut. Zu Hause angekommen und dann alles wie immer. Futtern und pennen. Die Großen toben wie verrückt durch den Schnee und ich renne mit einem Grinsen hin und her. Die Muddi sagt, ich soll nicht so schnell, sonst hebe ich mit meinen Ohren und dem Superman-Umhang ab! Ich habe ja auch zwei Brieffreundinnen, selbstverständlich Beaglemädchen! Sie heißen Lilly & Fee. Deren Muddi war ganz schön clever! Ich hab ein Suchbild von denen. Zeig ich euch aber nicht! Eben musste ich noch im Mantel mit den Mädels und

dem Papi zum Platz fahren. Lust hatte ich keine, aber ich hab ein Date mit Bella, der Schokodorin. Hoffen wir mal, dass morgen mein Pelz ausreicht.
Schönen Abend und bis morgen, euer Alf.

Dienstag, 31. März. Es ist schön kalt und außer Rehe war nix und niemand unterwegs. Also ein ganz entspannter Spaziergang mit Mantel. Zu Hause angekommen, fix essen, dann schlafen und relaxen … die Muddi war heute wieder ganz oben bei ihrer Nähmaschine. Ich bin gerne oben, da finde ich immer was zum Schreddern. Heute war es ein Karton mit Tintenpatronen. Am liebsten wollte ich das Stromkabel mit Adapter vom Laptop haben. Durfte ich mal wieder nicht. Heute muss ich noch zum Tierarzt, Blut abnehmen. Vorher gehe ich aber mich austoben auf dem Hundeplatz. Selbstverständlich mit den Mädels und Yambo. Beim Tierdokta bin ich bestimmt wieder ganz cool. Wir mussten ziemlich lange warten bis nach 19.00 Uhr. Die Ärztin war sehr zufrieden mit mir. Beim Blut abnehmen, war ich ganz tapfer. Sie sagt, es ist gut, dass ich die Tabletten bekomme. Freitag bekommen wir Bescheid.
Bisschen spät geworden.
Schlaft schön, euer Alf.

Kapitel 3: Der Abenteurer

Mittwoch, 1. April. April, April … na, das war ja eklig heute Morgen. Schneeregen, iigitt! Zum Glück habe ich ja meinen Mantel und werde nicht nass. Auf der Panzerstraße war die Wilma-Truppe, aber ich durfte nicht hin. Da waren zu viele Leute, zu dicht zusammen. Wir sind dann durch den Wald gekrochen. Fand ich blöde, aber Muddi wollte das so. Was soll ich da machen? Dann sind wir an einem Pausenplatz lang gekommen. Die Mädels haben gleich „Tisch" gemacht. Ich kann mal gerade „Auto", wenn ich will! Also auf Kommando in die Wackelkiste springen! Nun träume ich erstmal wieder …

Die Muddi war wieder oben an der Nähmaschine. Ich bin natürlich mit nach oben. Bisschen schreddern uuunnnd hinpinkeln! Das kommt davon, wenn man mit mir zum Tierarzt fährt. Da kommen Geruchserinnerungen und sowas hoch. Pffff, selber schuld Muddi! Danach hab ich aber gut geschlafen … Ich wollte wieder in den Keller, ich hau dann immer mit dem Kopf gegen die Tür, wenn ich da rein will. Die geht aber nicht auf, egal ob ich da fünfmal gegen rammel. Kann auch sein, dass ich durch die alte Katzenklappe will. Aber die ist zugenagelt. Oder sowas. Im Zwinger waren ja Klappen. Plötzlich war Großalarm. Jemand war an unserer Waldpforte. Oh nein, das ist verboten! Hetty hat ALARM gerufen und dann bin ich dabei! Mein Haus, meine Wackelkiste und meine Pforte! Heute war die Muddi mit uns auf dem Platz. Die Plattnase Quno war da, sonst keiner. Hab mich gefreut, als wir wieder zu Hause waren. Bis morgen Freunde. Uund, in ein paar Tagen hab ich Geburtstag und werde 5 Jahre alt. Mein erster Geburtstag in Freiheit!

Tschüss, euer Alf.

Donnerstag, 2. April. Oha, der Muddi ist doch tatsächlich aufgefallen, dass ihr Leser inzwischen alle bei uns zu Hause seid und fast alle Räume und alles kennt. Ihr seid ja fast schon Familie. Die Muddi sagt, dann könnt ihr auch mal aufstehen und mir meine Pille geben! Ausschlafen, is nich mehr. Aber mir hilft die Medizin, das ist das Wichtigste.

Wir sind heute mal in der Heide spazieren gegangen. Die Muddi hatte 7500 Schritte. Ich, mit meinen kurzen Beinen, hatte eine Mioon! Tessa hat mich heute dicht neben sich laufen lassen. Nachmittags sind wir sogar gemeinsam miteinander durch den Garten geschlendert. Die Muddi hat uns alle draußen gestriegelt, ich hatte die meisten Haare. Eigentlich müsste ich unters Rüsselmonster, sagt sie. Und ich will tatsächlich unten durch die alte Katzenklappe. Geht aber nicht, ist zu! Auf dem Platz war es gut. Auf dem Weg nach Hause werde ich zum Turbobeagle!

Sodele, bis morgen. Euer Alf!

Freitag, 3. April. Hallo, Freitag ist mein Lieblingstag! Heute sind wir eine riesengroße „halb um die Welt"-Runde gegangen. Die Muddi hatte genau 9179 Schritte von Tür zu Tür. Da könnt ihr euch ja vorstellen, was wir geleistet haben! Danach hatten wir großen Hunger. Ich war so kaputt, dass ich es sogar verschlafen habe, die Muddi zu verfolgen. Ich hab heute auf dem Spaziergang Enten gekuckt. Komische Gesellen und Pferde sind uns auch begegnet, aber die sind mir egal! Nachmittags hat die Muddi meine Blutergebnisse bekommen. Alles prima! Bin optimal eingestellt.

Wir waren heute alle zusammen auf dem Platz. Ich hab wie immer mein Parcours gemacht. Erster Sitzreifen, zweiter Sitzreifen, unter der A-Wand über die Streben springen, dritter Sitzreifen. Danach rauf auf die Brücke, Hängebrücke, gerades Stück, Schrägbrett runter. Durch alle drei Reifen durch, fix zum Tunnel und dadurch, dann zack zum letzten Sitzreifen und Belohnung abgreifen. Hab noch was Neues dazugelernt. Da sind Reifen mit Holzdeckel (Sitzreifen) drauf. Also mit allen Pfoten rauf und hinsetzen … zaackk … Bonboooons … Da ist ein Reifen ohne Deckel … bin ja nicht blöde! Hab mich eben in das Loch gesetzt! So, das war es für heute.

Tschüss ihr Lieben, euer Alf.

Samstag, 4. April. Wochenende und fast ausschlafen, rumtrödeln und zusammen losziehen. Bei dem schönen Wetter. Wir sind wieder eine Riesenrunde gegangen. Die Muddi hat heute mal die Gegend geknipst. Ist ja ein ehemaliger Truppenübungsplatz. Sie sagt, Alf-Bilder gibt es mehr als genug! Ich hab schon ein großes Glück, dieses Gelände direkt vor meiner Haustür zu haben. Einen toten Maulwurf haben wir heute gefunden. Gestern Abend habe ich noch prima den Herd beim Kochen bewacht. Mir entgeht nix!

Spät am Nachmittag sind wir dann noch mal losgezogen. Schwupp, läuft uns der Menschenwelpe über den Weg. Echt jetzt, voll langsam so ein Welpe, aber wir haben die abgehängt! Zahnputzer verhaftet und Feierabend. Ich freue mich schon auf morgen.
Euer Alf.

Sonntag 5. April. Mein Geburtstag, der Fünfte. Aber der Erste in Freiheit! Ohne Gitter, aber mit Geschenken ... und doofem Kopfschmuck! Der Papi fand das auch blöde. Ich hab heute ein Geburtstagskörbchen mit Geschenken und Lichterkette bekommen. Heute sind wir vielen Leuten auf unserem Spaziergang begegnet. Völkerwanderung ... also sind wir durch den Wald gegangen. Die Muddi kennt tolle Wege. Da findet uns keiner ... und dich auch nicht!
Zu Hause gab es Leberwurstbrot und Bonbons. Hetty und Tessa haben auch einen Teller bekommen. Tessa hat mir die größte Kerze geklaut. Na ja, sie ist ja auch Chef hier!
Bei dem schönen Wetter und bestem Sonnenschein chillen wir im Garten. Hab der Muddi bei der Gartenarbeit geholfen. Sie wollte Steine kratzen und ich war immer mit dem Rüssel dazwischen. Muss ja kucken, was sie da anfasst. Aber jetzt liege ich im größten Körbchen und ruhe mich aus. Päuschen hat fertig! Nun schredder ich auf dem Rasen ein Holzstück. Hab ich mir selbstpersönlich aus dem Schuppen organisiert! Gleich will der Papi nochmal mit uns losschieben, ohne die Muddi ... ob ich mitgeh oder nicht, sag ich euch morgen. Die Party ist noch nicht zu Ende! Hicks und bis morgen, euer Alf.

So, ich bin mitgegangen. Habe unterwegs noch viele Streicheleinheiten bekommen. Waren immer noch viele Leute unterwegs. Ach ja, Leberwurstbrot gibt es nicht wieder. Wir drei vertragen das nicht so gut, zu fett. Davon kriegt man Bauch und Dünnpfiff! Käse geht besser. Nun werde ich wieder den Herd bewachen. Menno, ich bin auf dem Sofa fest eingeschlafen und habe meine Menschen gar nicht ins Bett gebracht!

Montag, 6. April. Jippie, heute hatten wir den Wald wieder für uns! Wir waren kaum zu Hause, da ist die Muddi ohne uns verschwunden. Und ich hab sie unheimlich vermisst. Als sie nach zwei Tagen (oder waren es zwei Stunden?) wieder da war, konnte ich sie ja nicht mehr aus den Augen lassen! Das ist harte Arbeit und ich bin froh, dass der Papi mich jetzt ablöst.

Ich finde Sommer toll. Da ist die Tür auf und wir können rein und raus. Wenn ich in der Sonne gelegen habe, muss ich erstmal rein zum Abkühlen. Uui, heute war die Mama von Lana hier (die wohnt weit weg) und hat mir ne legger Hundewurst gebracht, auch zu fett … schade! Ach ja, ich hab seit heute mein eigenes Draußen-Körbchen. Dann ist mein Hasi heute auch auf dem Friedhof der Kuscheltiere gelandet. Spielzeug einmal draußen, für immer draußen (weil wir Drinnen- und Draußen-Spielzeug haben!). Und dann wollte die Muddi noch wissen, ob man einen Beagle scheren darf, weil ich so haare. Ich hab „nee!!" gesagt. Heute treffe ich mich noch mit meinem großen Kumpel Yambo auf dem Platz.

Bis morgen. Hoffentlich noch mit Fell! Küssi, euer Alf.

Dienstag, 7. April. Heute hab ich nicht viel erlebt. Alles ganz wie immer mit super Wetter. Heute hab ich Bella Frenchi getroffen. Die ist bisschen ängstlich, aber nicht bei mir. Bin ja ein netter Typ! Mein bestes Spielzeug ist Papier. Entweder finde ich es auf dem Boden oder ich sorge dafür, dass ich es finde. Mein liebster Postmann war endlich wieder da. Der gibt uns Bonbons und Komplimente. Er hat gesagt, ich habe schon einen athletischen Körper. Da zahlt sich das Spazieren doch aus (Anm. Muddi: „Warum bei mir nicht?")! Die Muddi hat das Spieli wieder reingeholt. Aber nur, weil jemand den Türstopper mit nach draußen genommen hat. Schade, dass immer nur 1+1 Mensch auf den Hundeplatz darf, nur wegen der Corona. Ich kenn die nicht mal! Deshalb waren wir mit dem Papi und treffen heute Calliou, den Weiberhelden. Bin heute zweimal den Parcours gelaufen, ohne Belohnung! Tunnel, Röhre, Reifen und Schwebe-brücke.
So, ihr Lieben … Bis morgen dann, euer Alf.

Mittwoch, 8. April. Gestern Abend war ich hundemüde und hab ganz fest in meinem Körbchen geschlafen. Heute früh hab ich die Muddi aus dem Wasserzimmer abgeholt. Tessa lag noch lange im Bett und Hetty auf dem Thron. Dafür hab ich heute Morgen meine Hundemassage genossen. So kann der Tag beginnen! Heute kommt Onkel wieder zum Spaziergang. Oh, eben hat die Muddi gesehen, wie ich blitzschnell mein Knisterspielzeug rausgetragen habe

... ist wieder drin! Wir waren schon los, da ist der Muddi eingefallen, ich hatte meine Tablette gar nicht. Wir sind mit Onkel weiter gezottelt und die Muddi im Stechschritt nach Hause und Medizin holen. Schwupps, Abkürzung genommen und mit 25 Minuten Verspätung die Tablette bekommen! Puuhhh, es ist wichtig, alle zwölf Stunden die Pille zu nehmen!

Zu Hause war dann alles wie immer. Ach, ich habe heute Obst probiert und für lecker befunden! Danach durfte ich sogar noch den Joghurtbecher auslecken. Und blöde Wippe musste ich üben. Nu is der Papi da, und wir gehen später los. Bis morgen, euer Alf.

Donnerstag, 9. April. So, ich habe super gut geschlafen, tief und fest. Um 7.30 Uhr musste ich aber fix raus ... Im Wald war heute früh schon wieder viel los. Macht nichts, ist ja Platz genug für alle! Es ist sehr schön sonnig. Wir Hunde liegen alle draußen. Ich muss die Terrassentür bewachen. Nicht dass die Muddi einfach verschwindet! Gestern hab ich toll auf dem Platz getobt. Das hat die Muddi gefilmt. Da bin ich ganz außer mir vor Freude!

Unser Tagesablauf ist ja immer ähnlich. Heute allerdings, ist alles anders. Obwohl die Terrassentür auf ist, bin ich nach ganz oben gewackelt und hab erstmal meine Schiete verteilt. Wenn ich irgendwo länger alleine war, kontrolliert die Muddi immer. Was soll ich sagen? Sie hat es entdeckt und war stinksauer! Wer sie kennt, weiß Bescheid. Sie redet nicht mehr mit mir und schickt mich immer weg. Zum Glück kommt der Papi bald, der hat mich wenigstens lieb. Morgen

ist die Muddi hoffentlich auch wieder lieb mit mir. Um 17.30 Uhr fahren wir noch ne halbe Stunde zum Platz. Einmal austoben und rennen. So, das war es für heute.
Liebe Grüße, euer Alf.

Freitag, 10. April. Freitag und Feiertag! Ich hätte es merken müssen. Der Papi ist nicht verschwunden. Na ja, nachdem ich die Muddi erfolgreich um 6.30 Uhr geweckt habe und ins Bett durfte, ist Tessa auch noch eingestiegen … Nachdem ich meine Pille hatte und wir alle draußen waren, haben wir noch schön gepennt. Alle, außer Muddi. Sie sagt, es ist Ostern. Is mir doch egal! Aber die Muddi sagt, sonst hat man sich Ostern mit Freunden und Familie getroffen und zusammengesessen und Spaß gehabt. Machen wir nächstes Jahr wieder. Für mich heißt das, viel Zeit mit meinem Rudel, nur für mich.
Wir waren heute nur mit dem Papi spazieren. Fast wären wir von so einem dämlichen Radrenner übergefahren worden. Ein Glück sind wir gut erzogen … Die Muddi ist ganz verzweifelt, weil ich soo doll fussele. Mehr als die beiden Großen zusammen. Jetzt wird der Grill angemacht, da weiß MANN, wo er hingehört! So … satt, gleich nochmal in den Wald.
Bis morgen zum Osterfeuer, euer Alf.

Samstag, 11. April. Gestern sind wir ja noch unterwegs gewesen. Dieses Mal im Naturschutzgebiet Fischbeker Heide zum Segelflugplatz. Na ja, ich bin jedenfalls links abgebogen, der Rest des Rudels rechts. Tja, hören wollte ich auch nicht, da ist der Papi hinterher. Aber die Polizei hatte mich schon geschnappt! Einen Hund mit Leine, aber ohne Menschen dran ist verboten, jetzt bin ich polizeibekannt! (Anm. Muddi: „Alles gut, die fanden ihn niedlich. Keinen Ärger!")

Na ja, Nacht war gut. Ab 6.30 Uhr hab ich dann bisschen rumgenervt. Ich teste jetzt mal, wer hier das Sagen hat, leider klappt das nicht wie erhofft. Die Muddi hat mich heute am Kragen gekriegt, voll fies. Zum Glück haben wir dann Lilly und Lola getroffen und später noch Sam. Tante war kurz da und hat Arbeit für den Osterhasen gebracht, der kommt morgen … So, wir haben jetzt was Leckeres zum Knabbern bekommen. Meine Menschen grillen schon wieder und machen Feuer. Das heißt, später los … Na dann, bis morgen. Viele Ostereier wünscht euch, euer Alf.

Sonntag, 12. April. Nachdem wir uns gestern schön auf dem Platz ausgepowert haben, konnten wir gut schlafen. Die Muddi hat mir heute früh um 8.00 Uhr die Pille reingeschoben. Allen anderen auch ein Stück Käse in die Schnute und wieder ab ins Nest bis 9.00 Uhr. Heute durfte die Muddi auch zu Hause bleiben und wir sind mit dem Papi spazieren gegangen. Dann haben wir ganz viel vom Osterhasen bekommen. Später war noch der Menschenwelpe da, Ostereier abholen. Ich hab Wasser aus der blauen Schüssel getrunken. Das Menschenkind auch, ganzes Gesicht rein … und wir haben einen Apfel geteilt und überhaupt. Die Muddi sagt, ich bin sehr kinderlieb. Das ist was Gutes. Ich bin ein prima Babysitter! Heute gab es einen

Familienausflug auf den Hundeplatz. Hat Spaß gemacht. Schönen Abend für euch. Frohe Ostern, euer Alf.

Montag, 13. April. Heute war hier nicht viel los. Wir haben ausgeschlafen und rumgegammelt, das finde ich ganz prima. Dafür sind schließlich Feiertage da! Später hatten wir dann Hundebesuch von Eddy und Piri. Wir sind unsere große Runde zusammengegangen. Danach gabs was Gutes zum Kauen zu Hause. Die Muddi von den beiden hat Tessa ne neue Leine gemacht und gebracht. Mir viele Leckerchen, die soll ich teilen.

So, wir waren noch mal kurz beim Platz, aber da war es sehr windig und bitterkalt. Wir haben nicht lange ausgehalten. Zu Hause angekommen, war die Freude umso größer.

So, morgen hat uns der Alltag wieder …

Eine schöne Woche wünsche ich euch, euer Alf.

Dienstag, 14. April. Sodele, heute ist wieder ein normaler Tag. Na ja, fast normal. Der Papi ist früh weg und wir mussten auch früher aufstehen. Der Spaziergang war auch viel kleiner als sonst. Ich hatte heute das erstmal meine neue Flexileine in Gebrauch. Ging richtig gut. Die Muddi und ihr Dreiergespann. Danach musste die Muddi wieder weg. Sogar viel länger als sonst. Aber wir haben keinen Blödsinn gemacht. Tja, vielleicht doch ein bisschen. Hab mir heimlich Socken geholt. Jedenfalls waren wir froh, als endlich die Haustür aufging.

Wir waren auf dem Platz, da haben wir Hope noch getroffen. Tessa ist nur am Grasen wie ne Kuh. Sieht so aus, als hätte

sie wieder an einer Kröte geleckt. Wie jedes Jahr! Die Muddi hat ihr dann das Maul ausgewaschen. Sauerkraut gab es auch schon. Sie wollte es nicht, Hetty und ich schon. Nun sucht sie weiter nach Gras … und ich hab Feierabend! Hab was Neues gelernt. Über die Brücke mit Lücken gehen. Ich bin so ein cooler Macker!
Küssis, euer Alf.

Mittwoch, 15. April. Hab die Muddi heute Nacht um 2.00 Uhr aus dem Bett gefiept. Ich musste wirklich raus, dringend. Die Großen sind dann mit raus, wollten aber am liebsten draußen bleiben. Irgendwann haben wir dann alle wieder geschlafen. Onkel kam um 8.00 Uhr und wir mussten los. Richtig Lust hatten wir gar nicht und haben voll getrödelt. Echt, wir mussten nach dem Essen dringend ein Schläfchen machen! Aber die Muddi muss ja Rüssel-monstern und Wischmopsen. Keine Ruhe, sag ich euch … Ich bin von einem Platz zum nächsten gewandert. Wenigstens im Garten war Ruhe! Heute ist Jungstag auf der Fläche. Yambo kommt mal wieder. Da wir Männers ja schweigen tun, gibt es weder Text noch Bilder vom heutigen Vergnügen … Einen ganz besonderen Drücker von mir und den Mädels an Petra.
Ganz fester Drücker für euch, euer Alf.

Donnerstag, 16. April. Heute um ganz früh, hab ich voll aufgeschrien! Die Muddi saß senkrecht im Bett. Dann bin ich nach oben gegangen zum Petzen … Der Papi gibt jedem einen Bonbon, bevor er verschwindet. Ich hab mich in

Hettys Körbchen gedrängelt, um auch ihren zu ergattern. Da hab ich von ihr einen Flicken bekommen! Daran müssen wir noch arbeiten, mir steht doch alles zu!

Na, Hetty ist dann auch nach oben gekommen und es war Ruhe bis 7.00 Uhr. Spaziergang war gut, haben die Gänse gesehen und so große, schwarz-weiße komische Tiere. Die Muddi sagt, das sind Kälber. Die soll ich mal lieber nicht besuchen. Ich wollte aber, hab gejammert und war beaglebockig, nützt hier nix! Schönes Wetter heute, kann ich immer rein und raus. Voll gut.

Die Muddi hat sich heute hinter einem Buch versteckt und mich heimlich im Garten beobachtet. Also wenn keiner kuckt, springe ich aus dem Stand die Mauer (80 cm) hoch. Und wenn Hetty losdüst, flitze ich hinterher. Erstmal mitrennen und dann überlegen, wozu das alles gut sein soll! Außerdem hab ich mich schon halb hinter die Bambushecke getraut und schnüffel alles Mögliche ab. Bin eben ein richtiger Hund! Ach Menno, heute darf ich nicht auf den Platz! Ich muss mich ausruhen, da ich einen kleinen Anfall hatte. Nun ist alles wieder gut. Macht euch keine Sorgen und bis morgen (Oops, ich kann reimen!)!

Liebe Grüße, euer Alf.

Freitag, 17. April. Die Nacht war gut. Keiner musste raus, alle Hunde haben unten geschlafen. Beim Spaziergang haben wir eine ganz freundliche Bulldogge getroffen. Ich wollte gar nicht weiter, musste aber. Nie darf ich bestimmen! Hab heute viel rumgeschnüffelt und auch gut gehorcht. Zu Hause angekommen, habe ich lautstark mein Futter verlangt.

Muddi, sieh zu, dass das Essen fertig wird! Ich sag ja, ich will der Bestimmer sein! Am Ende waren alle sauer auf mich, weil die Muddi erstmal was Anderes gemacht hat. Ich dachte schon, wir kriegen nie mehr was zum Essen! Später hat die Muddi mich voll geärgert und kleine Fische in die Einhorntasche getan. Der Papi war zeitig zu Hause. Erstmal aufs Sofa und durchknuddeln lassen. Gleich treffen wir uns mit Bella auf dem Platz. Die Muddi muss zu Hause bleiben. Dürfen ja nur zwei Menschen drauf, aber Mioon Hunde! Nun chillen wir alle im Garten. Ach, ich soll noch sagen, dass ich nicht mehr so doll fussel!

Bis morgen, euer Alf.

Samstag, 18. April. Wochenende ... hoch die Hände! Und schönes Wetter heute. Heute waren wir wieder zusammen unterwegs. Der Papi muss das noch üben mit mir. Wir waren bei dem großen Stein. Muddi sagt, das ist der „Stein der Weisen", deshalb ist sie so schlau und durchschaut uns. Dann ab durch den Zauberwald zur Pausenbank. Im Zauberwald bin ich so schnell um die Ecke. An der Pausenbank war ich Erster und hab auch gleich Essen gefunden. Konnte nur paar Haps nehmen und hab voll Ärger bekommen! Als ob ich da was dafür könnt! Letzte Woche hab ich an einer anderen Bank Nudelsalat gefunden. Durfte ich auch nicht fressen. Zum Glück gab es zu Hause was zu futtern, auch wenn ich jammernd draußen warten musste.

Nachdem wir alle abgefüttert waren, war Chillen angesagt, denn ich renne mindestens dreimal so viel wie die anderen.

Später hab ich noch mit den Nachbarn geklönt, da staub ich gern mal einen Keks ab. Die Abendrunde haben wir erledigt und ich hab mir meinen Zahnputzer redlich verdient! Ich wünsche euch einen schönen Abend.
LG, euer Alf.

Sonntag, 19. April. Heute haben wir umgekehrte Welt gemacht. Wir waren heute Morgen auf dem Hundeplatz zum Toben. Das ist ein Unding, geht gar nicht! Hope ist auch gekommen und die Großen haben ordentlich getobt. Danach Frühstück, Kaffee und dann ab in die Sonne. Nachmittags waren Onkel und Tante da und wir sind eine gaaanz große Runde gegangen. Es waren viele Leute unterwegs. Ich hab noch einen Beagle Kumpel getroffen. Der heißt Jonny. Leider, konnten wir nicht spielen, war zu viel los. Zu Hause gab es dann einen leckeren Zahnputzer. Es war also ein entspannter Sonntag. Nun bin ich erschöpft und wünsche euch einen schönen Abend.
Liebe Grüße, euer Alf.

Montag, 20. April. Wieder ein normaler Tag. Der Papi haut früh ab. Ich jammer ein bisschen und trappel vorm Bett von der Muddi rum. Die stellt sich aber tot, was soll man dazu sagen? Na, dann geh ich eben nochmal ins Körbchen. Und wenn ich es mir richtig gemütlich gemacht habe, muss ich aufstehen. Kennt ihr bestimmt auch! Heute hab ich mir im Modder schwarze Füße gemacht. Kaum zu Hause, musste die Muddi auch weg. Arbeiten sagt sie, pfff ... wer es glaubt! Aus erzieherischen Gründen habe ich dann erstmal ins

Badezimmer gemacht. Aber die Muddi hat das gleich gemerkt, als sie die Tür aufgemacht hat und hat tatsächlich gesagt: „Na, du Schwein, wo hast du hingekackt?" Ich wollte Bonbons, aber dafür werde ich nicht belohnt, sagt sie. Dabei vermisse ich sie doch. Hab mir schon Muddis Halstuch als Schnuffeltuch organisiert! Echt jetzt, ich bin ein ganz armer Laborbeagle. Eine Tüte Mitleid, bitte!

Wir Fünf waren auf dem Platz, heute musste ich ein bisschen üben. Dabei kann ich doch schon alles, außer über die Steilwand. Na ja, aber fast!

Macht es euch schön und bis morgen, euer Alf.

Dienstag, 21. April. Alles war wie immer. Aufstehen, Kaffee trinken, wir unser Vorfrühstück, ein Stück Rinderdörrfleisch und dann langsam fertigmachen und loszotteln. Die Muddi sagt, ich bin ein Abfallortungssystem. Überall im Gelände finde ich Essensreste. Die Muddi ist voll sauer auf die Leute, die das machen. An der Aussichtsplattform haben wir Buffy, die Jogger-Bulldogge getroffen. Der Papi war auch voll sauer und kommt später mit einer Mülltüte wieder. Aber wir haben ein bisschen gespielt. Zu Hause gab es dann endlich was zu essen.

Heute kam überraschend der Menschenwelpe vorbei. Die hatte was im Mund. Das musste ich unbedingt haben. Also … Schnuller geklaut! Dann will sie immer schaukeln, ich auch! Also freiwillig auf die Hollywood. Jaaa, Muddi drauf, Welpe drauf … muss ich auch! Nachmittags sind wir dann mit unserem Nachbarshund Lotti unterwegs gewesen. Ich finde die ja gut. Den Großen ist sie egal. Lotti ist noch bisschen schüchtern.

Sodele, bis morgen ihr Lieben. Euer Alf.

Mittwoch, 22. April. Juhuu, heute Morgen war Onkel wieder da! Da freuen wir uns immer gaaanz doll! Das Spazieren war heute einfacher, die Muddi hat ne olle zwei Meter Leine an mich rangehängt. Da muss ich nicht so viel Tüddelband hinter mir herziehen, die ist sooo schlau! Heute haben wir wieder Flaschen und Scherben im Wald gefunden. Ein Reh ist auch vor uns hergesprungen. Hetty und Tessa waren ganz aufgeregt.

Wir sitzen heute nur irgendwie rum. Die Muddi sagt, sie hat ganz dolle Knochen. Deshalb hänge ich die ganze Zeit bei ihr rum und warte, dass ich welche abbekomme! Wie es aussieht, will sie die wohl nicht teilen … ich hab das ganz schön schwer! Heute war meine große Liebe wieder mit spazieren. Lotti, die Zuckerschnute! Wir sind immer dicht zusammengelaufen. Die Muddi durfte mit ihren Knochen zu Hause bleiben. So, dann bis morgen Freunde.

Küsse, euer Alf.

Donnerstag, 23. April. In der Früh bin ich nochmal bei der Muddi ins Bett gekrabbelt und hab mich schööön angekuschelt. Wir hatten heute bisschen mehr Zeit. Die Bonbontante von nebenan wollte mit uns spazieren gehen, aber die hatte gar keine Bonbons dabei! Hammer, oder? Ich hab echt mit den Ohren geschlackert! War ganz nett unterwegs, sind die mittlere Runde gegangen. Hab meine nette Schnellgeh-Frau getroffen. Die streichelt mich immer, die Großen auch. Danach ein paar Blödmänner und dann den Berry. Der ist schon 12 Jahre alt. Ach, und ein Reh haben wir auch getroffen. Die Mädels waren voll aufgeregt, ich nicht. Dann kam das Frühstück und chillen. Heute ist fix warm ... Muddis Knochen sind besser.

Als der Papi von der Arbeit kam, haben wir Männers erstmal ein Schläfchen gehalten. Gleich gehen wir wieder in den Wald. Falls ihr euch wundert, warum wir nicht mehr zum Tobeplatz fahren: Wir haben Mecker gekriegt, weil wir zu oft da sind! Dafür haben wir heute wieder den Wald von Müll befreit. Das ist ganz furchtbar ... überall liegt Futter und ich darf nichts davon fressen.

Liebe Grüße, euer Alf.

Freitag, 24. April. Ach herrje, heute war alles falsch und doof. Die Muddi meinte es gut und ist morgens mit uns zum Platz gefahren. Aber wir hatten keine Lust. Morgens muss man in den Wald! Wir mussten dann fix nach Hause, weil der Strom abgestellt wurde (Kabelarbeiten). Frühstücken und ab in den Garten und dann immer rein- und rauskötern. Der Papi kam schon ganz zeitig und wir sind dann zusammen schon Mal eine Runde durch den Wald gegangen. War aber irgendwie auch nicht richtig. Ich war sogar einmal so beaglebockig, dass ich mich einfach hab umfallen lassen! Plopp, lag ich im Sand! Nöö, ich geh aber mal nicht da lan! Ppfff, blöde Muddi! Zieht mich einfach hoch ... Zu Hause angekommen, gab es nicht mal einen Zahnputzer, nur ein Rinderohr. Nun liege ich faulig auf dem Sofa. Übrigens wird meine Welt immer größer und interessanter und mein Radius weiter. Manchmal muss ich deshalb an der Leine laufen. Auch blöde … Ich glaube, ich hab gerne meinen geregelten Tagesablauf.

Ich sag erstmal Tschüss für heute.

LG, euer Alf.

Samstag, 25. April. Nachts um 2.00 Uhr musste ich mal raus und mein Geschäft verrichten, also kacken! Hab aber ordnungsgemäß Bescheid gesagt. Die Muddi schläft sowieso nicht gut wegen der Knochen. Da war sie schnell unten. Um 8.00 Uhr dann die Pille rein und noch ne kleine Runde geschnarcht. Wir sind dann mit dem Papi alleine los. Da hör ich aber nicht so gut. Ute, die Schäferin ist seit heute wieder im Gelände mit ihrer Herde. Ich durfte aber nur kucken. Demnächst gehen wir mal hin. Aber wir haben ja Connections. Die Mädels kennen das ja schon. Das wird ein Abenteuer! Der Papi war auch ganz gemein beim Frühstück. Ich musste unter Protest in meinem Körbchen warten. Jetzt chillen wir erstmal.

Plötzlich standen die zwei Menschenwelpen am Zaun von den Nachbarn. Die sind so groß wie unser Welpe. Na, da haben wir uns aber gefreut! Tessa kann Nase an Nase mit dem Doppelpack stehen. Dafür hab ich die meisten Bonbons bekommen. Dieses Mal war die Bonbontante fix! Nachmittags sind wir heute mit Onkel und Tante auf der anderen Seite vom Ort spazieren gewesen. Wie aufregend! Longhornrinder, Ziegen und Schweine angekuckt. Man hatte ich zu tun … snüffel, snüffel. Nun sind wir bei Onkel und Tante. Zahnputzer verhaftet und zack aufs Sofa und ratzen. Schöne Träume für alle.

Knuddel euch ... Euer Alf.

Sonntag, 26. April. Sonntag ist Ausschlafen angesagt. Pille im Körbchen reingeschoben und noch ne Stunde rangehängt. Danach alle Mann los! Heute waren wir bei den Schafen. Erst hatte ich bisschen Angst, aber dann war alles gut. 130 Lämmer sind schon mit draußen. Tessa kuckt genau, was die machen. Und die Schäferin durfte ich auch begrüßen. Flink, ihr Hund fand das nicht so gut. Ansonsten hab ich heute nichts erlebt. Ich übe mich immer noch im Anschleichen. Vornehmlich in der Küche, klappt ganz gut. Irgendwann bricht sich noch jemand die Beine wegen mir, sagt die Muddi.

Nachmittags waren wir mit dem Papi unterwegs. Da wo wir morgens waren. Aber die Schafherde war weg. War keiner mehr da. Bin ich erstmal stiften gegangen. Den steilen Hang runter und alles abgerüsselt und untersucht. Rauf bin ich wie eine Bergziege geklettert. Bin ja voll der Muskelprotz! Das war es auch schon für heute. Einen schönen Sonntagabend. Euer Alf.

Montag, 27. April. Alles wie immer. Zeitig aufstehen, Vorfrühstück, Kaffee trinken und dann nach dem zweiten Becher Kaffee los. Heute mussten wir uns bisschen ranhalten, die Muddi musste zur Arbeit. Aber ich bin ja schnell unterwegs. Manchmal schon zu schnell, raketenschnell! Die Muddi sagt, ich bin keine Rennwurst mehr, sondern eine Rennsemmel! Die Muddi war echt lange weg, ganz, ganz lang! Aber ich habe mich vorbildlich verhalten und auf meine Schwestern aufgepasst. Als endlich die Haustür aufging, haben wir uns sooo doll gefreut. Happy Dance und erstmal gekuschelt! Hat gar nicht lange gedauert und der Papi war schon da. Dann sind wir fünf zusammen eine größere Runde gegangen. Das Beste war der Zahnputzer zur Belohnung.

Habt einen schönen Abend und bis morgen, euer Alf.

Dienstag, 28. April. Guten Dienstagmorgen zusammen! Auf dem Spaziergang konnte die Muddi nicht wirklich knipsen, da sie zwei Flexileinen und einen Müllbeutel tragen musste. Zum Glück bin ich ein super gehorsamer Beaglemann! Ich kann jetzt sogar beim Pinkeln mein Bein im 90 Grad Winkel anheben! Ohne abstützen und umfallen, nach drei Monaten das Ziel erreicht! Dreibeinpinkler-Orden! Auf dem Rückweg stand ein Reh auf dem Weg und hat uns angeglotzt. Ich hab getan, als wäre es unsichtbar. Die Mädels waren ganz angespannt, haben aber keinen Scheiß gebaut. Die Muddi war sehr stolz auf uns. Hat sie auch gesagt und uns mit Bonbons vollgestopft. Nun bin ich satt gegessen und ruhe erstmal.

Als die Muddi einkaufen gegangen ist, hab ich ganz laut geplärrt und gejammert. Als sie wiederkam, war ich ruhig. Aber sie hat mir Erdbeeren mitgebracht. Ich liiiebe Erdbeeren! Zur Krönung sind wir mit der Muddi zum Platz gefahren und haben Calliou getroffen. Die Mädels hatten richtig Spaß. Ich hab meine Runden gedreht und sonst Ralf am Zaun Gesellschaft geleistet. Der durfte nicht zu uns rein, aber sonst war es gut und es hat auch nicht geregnet. Passt gut auf euch auf!

LG, euer Alf.

Mittwoch, 29. April. Mooin, heute macht der Papi Homofiss und ist mit uns spaziert, ganz früh. Sind heute ein bisschen anders gegangen und haben zur Belohnung noch Berry mit seiner Muddi getroffen. Die hatte legger Bonbons mit. Aber Berry geht es nicht so gut. Der hat Zahnschmerzen. Freitag wir der Zahn gezogen. Armer Kerl, dafür geht es mir heute richtig gut. Ich beagleflitze heute wie verrückt, raketenschnell! Heute ist es nicht so warm, gefällt mir gut. Auf mein Frühstück warte ich auch schon geduldiger. Obwohl ich halb verhungert bin.

Menno, heute waren meine Menschen schon wieder ohne mich weg! Das kann ich gar nicht gut leiden. Gestern Nacht hab ich wieder in den Kellergang gekackt. Die Muddi war schon etwas sauer, aber nur weil ich das wegmachen will, also auffresse … ich soll das nicht machen. Aber wenn ich in meinen kleinen Käfig gemacht hatte, was sollten wir denn sonst machen? Muddi hat nachgefragt. Das machen fast alle Laboris. Das macht sie traurig.

Heute bei dem Nieselpiesel-Wetter sind wir mit dem Papi zum Platz gefahren. Calliou war auch da, und sein Papa hat immer schöne Bonbons für mich. Da sitz ich auch gerne mal still. Und ich bekomme immer die Besten. Echt nett. Prima, wieder zu Hause beim Zahnputzer und im Warmen. So lass ich mir das gefallen.

Bis morgen dann. Drücker, euer Alf.

Donnerstag, 30. April. Ich soll ja Bescheid sagen, wenn ich nachts mal raus muss. Hab ich, 3.30 Uhr, und zwar ganz deutlich! Hab beide Menschen wach gekriegt, aber der Papi ist schnell mit runter. Bin dann schnell in den Garten geflitzt. Heute haben wir fast schon einen Familienausflug gemacht. Onkel ist gekommen und der Papi ist auch da. Wir haben uns ja mit Berry und der Mama getroffen. Berry geht es nicht so gut. Er muss immer spucken und ist gar nicht fröhlich. Armer Berry. Sonst war nix los im Wald. War Hundeleute-Wetter, sagt die Muddi. Zu Hause nach dem Frühstück bin ich zum Papi hoch. Wollte mir mal dieses Homofiss ankucken. Gesagt, getan … und bei der Gelegenheit kann ich das auch markieren, hat nicht geklappt. Hab mich gerade hingehockt, da hat der Papi mich geschnappt und mich zwei Treppen runtergeschleppt. Die Muddi musste fix die Tür öffnen. Zack und raaaaaus …

Ach, und dann war das Rüsselmonster wieder überall unterwegs! Hetty und ich sind umhergeirrt. Ohgoddogott, wo sollen wir bloß hin? Mimimiii … wie soll man da chillen, hää? Sogar die Körbchen sind rausgeflogen, wie gemein. Na, dann hab ich den Papi eben beim Arbeiten beobachtet. Später kam der Opa noch zum Kuscheln und Kaffee trinken. Im Wald war nicht viel los. Aber wir haben den Jäger getroffen, langweilig … sabbel, sabbel. Für die hier aus der Ecke: Ab morgen geht die Rehbockjagd los! Ich hatte trotzdem meinen Spaß. Bin ordentlich hin und her getobt. Die Muddi sagt, ihr sollt nicht zu viel tanzen heute.

Habt einen schönen Abend, euer Alf.

Die Muddi bei der Mahnwache vor dem Labor – mein erster Tag
in Freiheit in meinem „Für-immer"-Zuhause"

Auf meinem Lieblingsplatz – mit meinem Menschenwelpen.

Das Superrudel, Flugbeagle-Alarm und Chillen mit Papi.

Kapitel 4: Der Forscher

Freitag, 1. Mai. Die Muddi hat heute blaugemacht. Lange geschlafen und dann Pause gemacht. Wir mussten alles mit dem Papi erledigen. Sogar andauernd kuscheln. Im Wald hab ich wieder Schafe und Ziegen gekuckt. Die sind die Polizei der Schafe, genau wie Esel (Klugscheißer-Modus aus!). Als wir an dem Pferd an der Leine vorbeigegangen sind, haben wir uns vorbildlich verhalten, sagt der Papi. Nach dem Frühstück und chillen, wurden wir alle in die Wackelkiste gestopft. Wir machen einen Ausflug. Wir bringen unserem neuen Hundecousin paar wichtige Sachen. Noch ist er nicht da, aber nächste Woche. Ich denke, ich werde mich erstmal in sein Körbchen legen …

Nee ging gar nicht. Das Körbchen war weggeräumt. Nun dauert es doch noch bis Toni aus Bosnien kommt. Dafür durften die beiden schon mal üben. Ist voll cool hier. Und ein Enkelpferd haben die auch. Der heißt Merlin. Wir sind eine schöne Runde hier gelaufen. Die Menschen sind erschöpft, wir nicht.

So, bis morgen ihr Lieben. Euer Alf.

Samstag, 2. Mai. Leute, wir waren erst mitten in der Nacht zu Hause! Das war meine erste große Tour! Richtung Wolfsburg, 200 km hin und 200 km zurück. Dänemark, wir können kommen! Als ich endlich in meinem Bau war, hab ich mich gefreut wie irre. Bin wie ein Känguru rumgehüpft, bin grinsend hin und her, rein und raus geflitzt. Zu Hause ist es doch am schönsten, seufz … Heute früh im Halbschlaf die Pille rein und mit ins Bett gekrabbelt und in der Besucherritze geschlafen.

Nach einem kleinen, ereignislosen Spaziergang mit nassen Pfoten, hat die Muddi bemerkt, dass wir Nachwuchs erwarten. Im Schuppen (da liegen die Handtücher) ist ein kleines Nest. Wohl ein Rotkehlchen. Nun müssen wir immer anklopfen, wenn wir in den Schuppen wollen. Echt jetzt? Die Muddi hat nen Knall! Nachmittags waren wir mal wieder auf dem Platz, und ich habe meine Runden gedreht. Wir sind sogar trockengeblieben. Jetzt zu Hause, haben wir es schön warm. Der Kamin ist an.

Bis morgen, euer Alf.

Sonntag, 3. Mai. Schönen Sonntach, ihr Lieben! Unsere morgendliche Wochenendroutine haben wir fünf chillig erledigt. Heute Vormittag waren wieder viele Menschen im Wald. Und einige komische Vögel dabei. Die Muddi hat im Kreis gegrinst (Man darf ja nicht lästern, ABER kombiniert doch mal EXTREM Zeckenschutz mit Corona-Schutz!). Ich hab mich auch schon weiterentwickelt. Ich geh zwar noch zu fremden Leuten hin, aber nicht mehr so oft. Und anfassen, muss auch nicht sein. Tja, ich weiß jetzt, wo ich hingehöre! Unser Nest ist auch noch mit sechs Eiern vollzählig. Nachher kommt der Menschenwelpe wieder zum Spielen.

Heute bin ich prima die Wippe rauf und runter geturnt. Ich bin so ein cooler Typ! So, das war ne lahme Runde mit dem Welpchen und der Karre, aber wir haben trotzdem Spaß gehabt. Zu Hause hat Feenja die Zahnputzer verteilt. Die haben wir ganz vorsichtig genommen. Nun ist der Grill an, und ich habe zu tun.

Bis morgen. LG, euer Alf.

Montag, 4. Mai. Es ist Montag Morgen. Das heißt zweimal früh aufstehen. Erst der Papi, später die Muddi. Hab jetzt was Neues ausprobiert. Wenn meine Menschen abends etwa ne halbe Stunde im Bette liegen, lass ich einen nochmal antanzen, denn dann will ich noch mal raus … danach gebe ich dann Ruhe.

Schade, heute musste der Papi wieder los. Nix mit Homo-fiss oder wie der heißt! Ich kann auf meiner Wippe ja immer Agility-Homeoffice machen. Um 8.00 Uhr nach Muddis Kaffee sind wir los und haben am Canyon die andere Morgenrunde-Hunde getroffen. Aber wir hatten keine Zeit, die Muddi musste zur Arbeit. Musste ich schnell weiter, bin nochmal umgedreht und zurückgebeagelt, Bonbon abholen. Da musste die Muddi mich dann abholen. Kurz vor zu Hause ist Tessa dann abgehauen. Hase oder Monster jagen … Die musste die Muddi auch abholen … und die war im Wasser, also Tessa, typischer Montag eben. Dann waren wir aber brav, bis die Muddi wieder da war. Ich schwöa!

Nachmittags waren wir dann mit Hope auf dem Platz verabredet. Der Papi durfte nicht mit drauf bleiben (immer nur zwei Menschen). Dann wollte ich auch nicht bleiben. Nur Mädels auf dem Platz und laut. Wir Männers sind bisschen spazieren gegangen. Nun mach ich erstmal Pause.

Bis morgen, euer Alf.

Dienstag, 5. Mai. Boah ey, gestern Abend hat die Muddi mich ausgetrickst! Sie hat mich rausgetragen, ist dann schnell eingerannt und zack, Tür zu! Hab ich eben gleich draußen gepullert. Heute Morgen habe ich mit Muddi und Tessa im Bett gelegen, sogar noch nachdem die Muddi aus ihrem Nest gekrochen ist. Denn wenn sie in diesem Wasserzimmer ist, kannst du sie vergessen ... da ist sie ganz komisch. Erst wenn es runtergeht, kommen wir auf Drehzahl! Freu, freu, freu ... Vorfrühstück!

Die Morgenrunde war auch blöde. Wir waren im Naturschutzgebiet und ich musste an der Leine gehen. Da waren so schöne Sandwege bergab. Durfte nicht flitzen. Dafür hab ich mich wie ein Ochse vorm Pflug ins Geschirr gestemmt. Aufmerksamkeitsübungen und son Scheiß mussten wir machen. Hetty und ich wollten schummeln, hat nicht geklappt. Am Ende hab ich einen prima Agility-Tunnel gefunden, Abwasserrohre. Hab heute mal wieder in den Keller gepinkelt. Die Muddi stand dummerweise daneben ... weiß auch nicht, was das soll. Sind eine schöne Waldrunde zusammengegangen. Bin ordentlich beaglegeflitzt! Ich finde das gut, wenn das Rudel zusammen unterwegs ist. Unser Vogelnest ist noch vollzählig.

So ihr Lieben, bis morgen. Euer Alf.

Mittwoch, 6. Mai. Onkel ist heute wiedergekommen. Wir drehen dann immer voll durch vor Freude. Der kommt kaum auf den Hof, so einen Happy Dance veranstalten wir drei! Runde war gut. Wir haben die Schafherde entdeckt, ein Reh beobachtet, ganz kleine Entenküken gesehen und sind freilaufenden Hunden aus dem Weg gegangen. Unser Nest ist auch noch okay. Erinnert ihr euch an Lana? Sie war doch in der Tierklinik. Nun ist sie wieder fit und hat eine Schwester bekommen, Lina aus Ungarn. Das freut uns sehr. Mittags hab ich mit Muddi auf der Hollywood-Schaukel gelegen und in den Himmel geguckt. Zum Glück bin ich das Geschaukel ja von der Wackelkiste gewohnt.

Waren wieder als Rudel unterwegs. Auf der Panzerringstraße war echt Rushhour. Wir haben uns dann in die Büsche geschlagen, da war weniger los. Als wir beim „gelben Canyon" ankamen, bin ich erstmal verschüttgegangen.

Genug für heute und bis morgen. Euer Alf.

Donnerstag, 7. Mai. Heute war mit uns Hunden nichts los. Wir hätten alle noch gern geschlafen. Sogar Tessa lag bis zur letzten Minute im Bett. Die Muddi sagt, wir waren wie die Rentnergang unterwegs … trödel, trödel, trödel. Auf unserem Weg sind wir dann auf Ute mit ihrer Herde getroffen. Ich finde, dass Schafe und Ziegen ja komisch sind. Kenn ich ja auch nicht. Wir standen da lange rum. Tessa hat sich gleich hingelegt und gekuckt. Und laut sind die, also die Herde. Die Schäferin bittet darum, wenn ihr eure Hunde im Wald bürstet, bitte die Haare mitzunehmen! Die Ziegen fressen die und kriegen doll Bauchweh! Na, wir sind dann nach Hause getrödelt. Essen, Schlafen und gut.

Die Muddi war heute zweimal weg und alles ging gut. Keinen Blödsinn gemacht! Aber dann habe ich an der Muddi geklebt. Später waren wir auf dem Platz und haben Hope getroffen. Ihr müsstet mal kucken, wie die Mädels spielen!

Irgendwie bin ich heute kaputt, liege schon wieder im Körbchen … Mehr gibt es nicht zu berichten.
Bis morgen, euer Alf.

Freitag, 8. Mai. Attacke! Wald, wir kooommmeenn! Heute Morgen waren wir alle putzmunter. Nach dem Dörrfleisch und Kaffee sind wir losmarschiert. Sonnenschein und blauer Himmel. Meine Welt ist schöoön! Als Erstes hab ich die Entenküken besucht. Die wachsen aber schnell. Dann bin ich über zwei Baumstämme gesprungen wie ein Turnierpferd. Danach gings weiter. Bin schön rumgeflitzt und habe zwei Frauen das Herz gebrochen. Tja, man nannte mich auch Casanova, obwohl mein Postmann sagt, ich heiße Pascha! So behandelt Ibo mich auch. Ich bin der Tollste, sagt er. Nachmittags war ich kurz bei Lilly und Lola, den Bullymädels.
Da hab ich den Garten prima inspiziert. Ihr Papa hatte Angst um seine Rabatten. Ich kuck doch nur! So, ich finde Radfahrer jetzt auch scheiße wie meine Schwestern! Beim Spaziergang am Nachmittag wollte mich ein Mädchen mit rosa Helm überfahren! Auf einem schmalen Waldweg. Die Muddi war voll sauer und hat gefragt, ob man nicht anhalten kann! Sie ist mir fast über den Schwanz gefahren. Echt, Mannomann!
Ach, heute ist Freitag. Jetzt bin ich 15 Wochen hier und verzuckere euch das Leben!
Bis morgen, euer Alf.

Samstag, 9. Mai. Wochenende! Ach, das Schönste am Morgen ist doch mit der Familie kuscheln und Dörrfleisch verhaften! Heute ist der Papi ja auch da. Wir sind gar nicht weit gekommen, nur bis zur Schranke, da kam uns die Herde entgegen. Die Muddi hat gesagt: „Hallo Familie!" Ich will die nicht als Familie haben. Die kacken überall hin. Unheimlich sind die mir auch. Ich kann übrigens inzwischen meinen Tank gut einteilen. Ich kann überall Dreibeinpinkeln!

Sagt mal, juckt eure Schnauze auch so nach dem Essen? Ich muss meinen Rüssel dann immer ordentlich schubbern, an was Kratzigem ... So, bin jetzt mit dem Papi im Garten und mache ein Kettensägen-Massaker! Die Mädels sind abgehauen. Männerjob, sag ich doch!

Wir mussten heute wirklich lange alleine bleiben. Aber draußen war es auch sehr warm. Da waren wir im Haus gut aufgehoben, sagt die Muddi. Nun gehen wir fix in den Wald spazieren.

Mehr von mir gibt es morgen. Euer Alf.

Sonntag, 10. Mai. Ach, wie schön ... heute Morgen durfte ich noch bis um 8.00 Uhr mit ins Bett krabbeln. Nachdem ich gestern bei der Abendrunde echt noch arbeiten musste. Kommandos üben. „Sit!", „Warte!", „Stopp!" und „Hier!" Klappt natürlich alles perfekt! Superalf eben! Als wir heute losgemacht haben, sind wir tatsächlich auf zwei Rehe gestoßen. Tessa hat zum Sprint angesetzt. Die Muddi hat ganz laut „STOPP" gebrüllt. Alle standen stramm, sogar der Papi. Dann läuft hier im Gelände noch ein neuer selbsternannter Sheriff rum. Im Gewand einer Jägerin. Muddi sagt, das ist ne dusselige Kuh, die hat hier gar nix zu melden! Unterwegs haben wir noch Lilly und Lola getroffen. Hetty mag die nicht, schade.

Wir waren heute zum Geburtstag eingeladen. Natürlich unter Einhaltung der Regeln! Da waren alle Hundekumpels da. Mir war das ja bisschen viel, aber ich hab mich neben Muddis Tasche gelegt und genickert. Bisschen gespielt hab ich zwar, aber nö, nö, ich hab lieber nicht so viel Trubel! Als es endlich nach Hause ging, war ich richtig froh. Ach, zu Hause ist es doch am schönsten! In diesem Sinne … Küsse an alle Muddis, bis morgen. Euer Alf.

Montag, 11. Mai. Es ist Montag und Muddi muss zur Arbeit. Da müssen wir uns immer beeilen. Mit dem Aufstehen, Kaffee trinken und Runde drehen und dann frühstücken. Voll stressig. Gestern lag ich eng aneinander gekuschelt mit Hetty auf dem Sofa. Muddi war ganz gerührt. Na, das dauert eben alles seine Zeit! Hetty ist sowieso lieb und geduldig.

Das klappt immer besser mit dem alleine bleiben. Das waren schließlich sechs Stunden heute, aber mit vollem Bauch geht das schon. Jetzt ist sie wieder da und ich bin so glücklich! Als der Papi kam, nochmal ne Schippe drauf. Wir sind heute mal wieder auf den Platz gefahren. Ich sollte was für meinen Kopf tun. Ja, nee is klar! Als ob ich das nötig hätte! Hetty hat heute den Kasper gemacht. Das war schon lustig. Dann wollte Tessa auch meine Runde laufen. Wir mussten uns abwechseln, aber ich bin immer schneller bei den Dingern. Allerdings war ich so gierig, dass ich von der Brücke geplumpst bin. Ich kenne meinen Schwerpunkt nicht, bisschen peinlich. Hat aber nicht wehgetan … nur das Lachen meiner Familie. Nun hatte ich meinen Zahnputzer und liege auf meiner Lieblingsfußmatte.

Bis morgen Freunde und bleibt gesund! Euer Alf.

Dienstag, 12. Mai. Heute Morgen war das ganz cool. Erst ist Tessa hochgegangen, um den Papi zu wecken, weil er verschlafen hat. Hatte er aber gar nicht! Heute war dieser Homofiss wieder, ist aber ne andere Geschichte … Na ja, wir Hunde sind dann erstmal durchs Schlafzimmer flaniert. Die Muddi spielt immer tot, bloß nicht atmen und nicht bewegen. Am Ende sind wir dann doch alle aufgestanden. Vorfrühstück, Kaffee und los.

Nachdem ich meine Ländereien abgeschritten habe und alle strategisch wichtigen Stelle markiert waren, ging es nach Hause. Wir haben gefrühstückt. Dann war wieder alles anders als sonst. Ich hab jedenfalls den Papi mit geschlossenen Augen bewacht. Die Muddi ist wieder los, Dörrfleisch verdienen. Wird auch Zeit, unseres geht zur Neige. Sie hat uns ein Schweineohr mitgebracht. Das war ziemlich mühselig zu essen, ging aber. Heute war der Papi mit uns alleine los. Die Muddi hat gekocht, also Essen. Ach, die Küche ist soo verlockend! Aber wenn ich zu aufdringlich bin, kommt der Wassersprüher zum Einsatz. Das ist voll fies! (Anm. Muddi: "Klappt aber!") Hoffentlich wird das Wetter bald wieder beaglegut!

Schlaft schön, euer Alf.

Mittwoch, 13. Mai. Heute ist ja Mittwoch und das Wetter lässt zu wünschen übrig. Da bleibt einem nur Einrollen und pennen. Heute Morgen bin ich mit in den Keller gegangen, die Muddi hat die Wäsche gemacht und ich habe gepflegt in den Keller gepinkelt! Bin rausgeflogen! Die Muddi war voll saurig. Sie musste ja den Keller wischen. Zum Glück ist Onkel dann um 8.00 Uhr gekommen und wir konnten spazieren gehen. War nix los im Wald. Nur viele Rehe.
Ich habe heute zum ersten Mal den Chefsessel bestiegen und keiner hatte Einsprüche! Später ist der Opi dann gekommen. Ich habe ihm mein Leid geklagt, wie ich hungern muss und so … Aber hat nicht geklappt, die Muddi hat immer gekuckt! Der Opi würde mich ja vollstopfen. Nachmittags waren wir dann in der Heide. Hab einen Trollbaum, also einen hohlen Baum besucht. Auf dem Rückweg bin ich wieder durch das Rohr gegangen, aber meine Fotografin war mal wieder zu lahm. Dafür bin ich auf etwas komisch Grünes gegangen, igittt! Da war Matsch drunter. Ich konnte mich gar nicht so viel schütteln, wie das eklig war …
Und unser Vogelnachwuchs ist da. Die Muddi hat weit aufgerissene Schnäbel gesehen … Dann haben sie sich aber klein gemacht, die Federbälle!
So, bis morgen und bleibt gesund. Euer Alf.

Donnerstag, 14. Mai. Gestern Abend musste der Papi mich wieder raustragen zum Pieschern. Und schneller reinflitzen, als ich laufe. Na ja, im Labor war irgendwann Feierabend und wir mussten in unseren Boxen bleiben bis zum nächsten Tag. Fünf Jahre KZ ist ne lange Zeit! Ich muss das erstmal verinnerlichen. Heute scheint mal wieder die Sonne. Es ist schön draußen. Aber … ach, du Schreck! Wir sind auf Ute und die Herde gestoßen. Ich hatte wieder Angst. Zu viele Tiere um mich rum. Ich wollte nur weg. Hab denen mein Hinterteil gezeigt. Vermeidung eben. Ich hatte voll Stress, hab gehechelt und so. Muddi hatte Angst, dass ich einen epileptischen Anfall bekomme. Kurzentschlossen hat die Muddi mich auf den Arm genommen und mich an der Herde vorbeigeschleppt. Muddi vertraue ich. Als wir gerade vorbei waren, hat sie mich runtergesetzt. Der nette Benno Hund kam schnüffeln. Da war alles wieder gut. Flink darf nicht „Hallo" sagen. Tessa würde gerne den ganzen Tag bei der Herde bleiben. Die liebt die … und die Ködel auch! Puh, zum Glück bin ich heil daheim angekommen!

Heute war die Heidi hier. Wir haben ordentlich gekuschelt, und ich habe sie mit wertvollen Beaglehaaren geschmückt. Stellt euch bloß mal vor, sie wollte mein Geschenk nicht! Die Muddi musste den Beaglehaar-Terminator holen. Hat aber auch nicht geholfen. Die Muddi meinte, man ist nur mit Haaren auf den Klamotten richtig angezogen! Wir waren noch ne Runde drehen. Viele Leute, keine Schafe, alles gut. Nun warte ich auf neue Abenteuer. Euer Alf.

Freitag, 15. Mai. Die Muddi nimmt euch mal ein Stück auf unserer Runde mit. Aber ich muss vorne anfangen, also … Nachdem wir aufgestanden sind und gekuschelt haben, bin ich runter und hab an der Kellertür gekratzt. Die ging aber nicht auf. Also, fix die Treppe rauf und raus. Die Tür war zum Glück offen. Und zack auf den Rasen und lange gepinkelt. Muddi hat mich gelobt. Im Wald hab ich es dann geschafft, auf meine Leine zu kacken.

Ich bin schon so eine Knalltüte! Ich hab ja eine Zellengenossin aus dem Labor, das nicht mit Namen genannt werden darf. Also aus dem Todescamp kennengelernt oder besser gesagt, die Muddis online. Stellt euch vor, die hat auch Herz und fast sicher auch Epilepsie. Sie heißt Lucy und ist sieben Jahre alt. Das macht einen doch nachdenklich. Heute Nachmittag waren wir seit langem mal wieder auf dem Platz. Ich hab voll rumgealbert und Spaß gehabt. Nun sind wir auf dem Weg zu Penny, der schwarzen Schönen. Bei Penny gab es Leckerschmecker und der Kamin war an. Ich habe mir das schön gemütlich gemacht und von Jutta den Bauch kraulen lassen. Ich kann das gut ab. Nun werden wir in der Wackelkiste nach Hause geschaukelt.

Bis morgen, euer Alf.

Samstag, 16. Mai. Gestern auf dem Rückweg waren wir noch in Mienenbüttel vor dem Labor. Es war Tag der Mahnwachen. Dort standen meine Menschen früher viele Stunden. Dort haben sie das erste Mal die Beagle bellen gehört. Dort haben sie sich versprochen, einen von uns zu retten und ein „Für-immer"-Zuhause zu geben. Zum Glück war ich das. Gerettet am 24. Januar 2020, war aber nicht komisch da. Manchmal waren meine Schwestern auch da als Mahnwächter. Mit Mahnwächter-Halstüchern von Ninas Welt. Heute Nacht musste Tessa um 1.30 Uhr raus. Sie hatte Pennys Napf leer gefressen. Selber schuld, sag ich nur. Hätte ja teilen können! Die Muddi hat mich geschnappt und auch

rausgetragen. War gut, musste eh pieschern. Danach bin ich mit nach oben, hatte aber wieder dieses „Rückwärts-Niesen" (Googelt mal!). Dann grunze ich ganz laut, weil Schleim festsitzt. Die Muddi musste dann wieder aufstehen und einen Schluckreiz herbeiführen. Zweimal, tolle Nacht!
Um 8.00 Uhr gab es meine Pille. Dann haben wir alle nochmal geschlafen. Außer Muddi. Die Morgenrunde war da, wo ich noch nie war … und die war halb spannend und halb doof. Ich musste an der kurzen Leine gehen. Nee, geht gar nicht! Freiheitsberaubung! Frühstück, Pause und ab zu Onkel und Tante. Da waren wir spazieren, da waren wir schon mal … wo die Weiden sind. Schweine kucken. Da musste ich auch an der Leine laufen, aber ich kann bei Tante im Garten rennen und die Beete platt treten. Nun kasper ich erstmal auf dem Sofa für die Muddi rum. Hab ich euch eigentlich schon erzählt, dass ich auch tätowiert bin wie meine Menschen? Im Ohr allerdings. So, bis morgen. Ich muss jetzt in der Küche helfen. Euer Alf.

Sonntag, 17. Mai. Schönen Sonntag zusammen! Heute mal ausschlafen. Der Papi hat hier alles klargemacht. Tablette, Vorfrühstück und Kaffee. Spazieren brauchte die Muddi auch nicht. Sie wollte mal ohne Stalker im Wasserzimmer sein … und Beauty machen, wozu? Sie ist doch sowieso die schönste Muddi für uns! Wir waren nur mit dem Papi los. Der war heute „Drill-Sergeant"! Nun bin ich voll erschöpft. Ich kann doch alles, wenn ich will. Wozu soll ich das alles üben? Der Papi sagt, er hat Urlaub. Nachmittags ging das Bootcamp weiter, wieder mit Tante und Onkel unterwegs.

Die Muddi hat ja heute hundefrei. Wir sind notgedrungen mitgelaufen, ohne Muddi ist alles doof. Am „gelben Canyon" haben wir Raika getroffen. Heike, die Muddi saß auf der Böschung. Die hatte sehr lecker Sachen in der Tasche. Da bin ich gleich mit dem Rüssel rein. Taschenkontrolle. Ich wollte gar nicht weiter. Nun sind wir wieder zu Hause und chillen. Ach ja, unsere Vogelkinder wachsen prächtig.

Bis morgen, euer Alf.

Montag, 18. Mai. Der Papi hat Urlaub. Also hatten wir heute Männerrunde. Der Onkel war auch mit. Die Muddi war los, Dörrfleischdollars verdienen. Unterwegs im Wald sind wir einem Hasen begegnet und Tessa ist samt Flexileine hinter dem Langohr her. Wir anderen haben nur doof gekuckt. Zum Glück ist Herr Hase an uns vorbei, somit konnte Tessa fix einkassiert werden. Jagen interessiert mich überhaupt nicht. Ich hab auch so meinen Spaß! Im Übrigen klebe ich jetzt am Papi dran. Man soll sich immer an den Boss halten! Bei der Nachmittagsrunde war komisches Wetter. Wir sind alle ganz trödelig gewesen. Ach, ich hab es wieder geschafft, meine Leine beim Kacken zu treffen! Im Wald merken wir, dass das Leben wieder Fahrt aufnimmt. Weniger Leute unterwegs. Hetty und ich sind ein Dreamteam! Wir laufen ganz oft nebeneinander wie Stan & Olli. Ich habe gut gelernt, meinen Radius einzuhalten, also meistens … manchmal. Na ja, wenn es passt halt eben! Unsere Vogelküken wachsen und gedeihen. Nun muss ich noch mit dem Papi den Rasen mähen, dann ist Feierabend. LG, euer Alf.

Dienstag, 19 Mai. Heute früh war hier schon Großalarm! Meine Menschen hatten nicht mal ihr Fell an, da hat es an der Pforte geklingelt. Die Mädels waren draußen und konnten bellen. Ich bin beaglebellend wie ein Irrer die Treppe rauf und runter. Hab an der Tür gekratzt und gebrüllt. Ich glaube, da war dann die ganze Nachbarschaft wach! Nachdem das Morgenritual abgespult war, ging es in den Wald. Vor uns überquerte in aller Seelenruhe ein Reh die Straße. Die Großen waren ganz angespannt. Verstehe ich nicht. Ein Reh tut doch nix! Unterwegs haben wir die nette Frau getroffen, und ich hab wieder auf meine Leine gemacht. Was sagt uns das? Ich finde die Leine beschissen! Nach dem Frühstück konnte ich nicht mal chillen. Hier ist es wieder ganz unruhig. Die Wände sollen gestreichelt werden. Ich will aber lieber gestreichelt werden!
Ohh, das ist hier heute gar nicht schön und keiner hat Zeit für mich! Ich darf meine Ohren nicht mal in den Farbeimer stecken. Nachmittags waren wir mal wieder auf dem Platz und haben Bella getroffen. Die Mädels haben wie bekloppt getobt, aber ich bin entspannt liegen geblieben. Reicht ja, wenn ich meinen Parcours mache. Hauptsache, hier ist bald alles wie vorher. Ich mag keine Unruhe!
Mal kucken, ob ich morgen was zu erzählen habe oder nur rausgeworfen werde …
Versuchen wir unser Glück! Euer Alf.

Mittwoch, 20. Mai. Keine besonderen Vorkommnisse! Pille, Vorfrühstück, Wald, Frühstück und ruhen … So ein Hundeleben ist schon eine Herausforderung! Im Bau herrscht noch die gleiche Unruhe wie gestern. Nachher bekomme ich noch Besuch von einem Hundekumpel. Der Lenny kommt.

Es war so, wie befürchtet … Ich wurde nicht bzw. wenig beachtet! Deshalb hab ich mein Ohr in den Farbeimer getunkt und Malerflies zerpflückt. Der Papi war mit uns zum Platz, aber wir hatten nicht wirklich Lust. Nun sind wir wieder zu Hause. Es hat sich leider nicht viel geändert, aber es steht schön was zum Untersuchen rum.

Bis dann, euer Alf.

Donnerstag, 21. Mai. Oh, ich hab soo ein Glück! Gestern Abend hab ich mich kackfrech in Tessas Körbchen gelegt. Sie wusste gar nicht wohin, hat mich aber nicht verjagt, sondern mich gelassen. Sie ist dann nach oben ins Bett gegangen. In der Zwischenzeit bin ich in Hettys Körbchen gewechselt. Die Muddi war heute Morgen Erster. So bin ich das gewohnt, ich liebe Rituale! Als wir losmarschiert sind, war es schon ordentlich warm. Also hatten wir gar keine Lust. Ich hab mal wieder meinen Kopf durchgesetzt. Alle mussten umkehren und hinter mir her. Ich wollte zu meiner Bank und zum „Stein der Weisen". Jaaa, das gehört zu meiner „Forrest Gump"-Routine! Danach sind wir durch den Wald und die Mädels haben nur ins Unterholz geglotzt und gerüsselt. Mich interessieren die Wildgerüche ganz und gar nicht.

Hier wurde wieder gemalert. Deshalb bin ich nach ganz oben gegangen. Da hab ich meine Ruhe. Ute, unsere Schäferin hat heute in ihrer Herde ein Ziegenbaby bekommen und die Geburt geknipst. Das ist ganz toll.

Wir gehen nachmittags nicht, viel zu warm. Wir gehen erst heute Abend. Das erzähle ich euch dann morgen.

Also bis dann, euer Alf.

Freitag, 22. Mai. Wir sind erst um 20.00 Uhr losgegangen. Da konnten wir auch schon wieder laufen. Wir hatten prima unsere Ruhe. Ich bin ganz aufgeregt nach Hause gekommen, denn ich habe ja schon vorher meinen Zahnputzer bekommen. Tadaaa! Keeekksse! Es gab einen megafetten Hundekeks! Kekse sind toll … knusper, knusper. Nun sind wir alle erschöpft.

Heute Morgen war es sehr stickig. Trotzdem hat der Kuckuck gerufen und die anderen gefiederten Freunde haben gezwitschert. Alles war schön, bis ich Ute gerochen habe. Also die Herde natürlich. Da hab ich aber Gas gegeben! Nönöö, da kann Tessa schön alleine ihren Ferienjob machen. Da bin ich schnell wieder weiter! Als wir gefrühstückt hatten, sind meine Leute einfach abgehauen zum Einkaufen. Heute kommt Wochenendbesuch. Die freuen sich voll doll. Na, dann freue ich mich auch mal, obwohl meine Routine darunter leiden wird! Und dann habe ich heute zum ersten Mal gebuddelt. Mit Schnute und Pfoten. Wie ein richtiger Hund eben! Es gibt noch nichts Neues von den Küken. Da hatte Jutta wohl Recht. Da treiben sich immer Rotkehlchen rum. Werden wohl Rot-

kehlchen sein. Da es so dolle regnet, warten wir noch mit dem Spaziergang. Der Besuch ist auch da und wurde für gut befunden! Hab sogar Geschenke bekommen.
Bis morgen dann, euer Alf.

Samstag, 23. Mai. Hab ich es nicht gesagt? Alles durcheinander hier! Als der Regen vorbei war, sind wir alle losgezogen. Waren voll viele Frösche unterwegs. Mir sind die egal. Tessa muss sich jeden ankucken. Endlich zu Hause, wollte ich meinen Zahnputzer. Stellt euch vor, die Muddi hat „nein" gesagt. Wir hätten ja schon einen riesigen Knochen! Echt jetzt? Zähne putzen muss sein! Hat der Papi uns dann gegeben. Ich dachte, nun geht es gemütlich aufs Sofa. Falsch! Draußen sitzen bis in die Puppen! Bettgehzeit um Stunden überschritten. Was hab ich euch gesagt? Alles kommt durcheinander …
So, ich hatte dann tatsächlich noch einen Anfall. Ganz doll zittern, aber kein Speicheln oder so. Danach war erstmal couchen mit Muddi angesagt und kuscheln. Nun haben wir die Abendrunde fertig. Unser Menschenwelpe war mit und wir haben Jonny, den Beaglekumpel getroffen. Hat wieder geregnet und gedonnert. So, nun ist Feierabend für heute! Dicken Drücker von eurem Alf.

Sonntag, 24. Mai. Sonntagmorgen, alles gut! Muddi ist erste. Gab Vorfrühstück, wie sich das gehört und jede Menge Kaffee. Unser Besuch fügt sich gut ein. Wir Hunde bekommen die besten Plätze und viel Streicheleinheiten. Karsten hat ja dolle Angst vor Hunden. Aber ich als

Therapiehund, habe ihn geheilt. Muddi veralbert ihn deshalb.

Unsere Runde war ganz prima. Wir waren bei Muddis Zauberbaum, und ich habe gesehen, wo der Waldbrand war. Gar nicht schön, verbrannter Wald. Zu Hause gab es dann Frühstück. Der Menschenwelpe kam auch noch. Na ja, viel Zeit war heute nicht für uns übrig. Mir geht es wieder gut. Später kamen noch Onkel und Tante zum Spaziergang. Da haben wir zwei Minihunde getroffen. Das war toll. Mit denen hab ich bisschen gespielt. Endlich mal ein Kleinerer als ich. Ansonsten war alles wie immer. Das Nest rutscht so langsam runter. Die Küken werden langsam zu schwer. Sodele, bis morgen. Euer Alf.

Montag, 25. Mai. Heute sind wir wieder früh aufgestanden. Viieel zu früh für meinen Geschmack, aber die Muddi musste zur Arbeit. Wir sind dann mit Papi und Onkel losgezogen. Es war frisch, nass … nicht meins. Ich bin immer zwischen den Jungs hin und her gebeagelt. Ein Hase hat unseren Weg gequert, aber mich interessiert das alles nicht. Auch die Eichhörnchen, die Tessa so verrückt machen, sind mir egal.

Als die Muddi wieder da war, hab ich gemeinsam mit dem Papi schön relaxed. Gleich geht es mal wieder auf den Platz zum Austoben. Mir geht es gut und es gibt nichts Neues … Vielleicht ist es an der Zeit, nicht mehr täglich Buch zu führen, sondern nur noch ein- bis zweimal in der Woche?

Unsere Küken werden immer größer und schwerer. Das Nest rutscht runter. Aber der Papi wäre ja nicht unser Held, wenn er, nicht was zur Rettung konstruieren würde. Also schnell einen Nesthalter gebaut! Drücken wir mal die Daumen und Pfoten, dass alles gut läuft.

Bis dahin, euer Alf.

Dienstag, 26. Mai. Heute war es richtig schön! Das Rudel war gemeinsam auf Patrouille. Zunächst sind wir auf eine wilde Horde Menschenwelpen gestoßen. Die haben mir mehr Angst gemacht als das Rüsselmonster in seinen schlimmsten Zeiten! Hetty war in einem leeren Dachsbau, und ich hab mich meines Lebens gefreut. Dann gibt es noch ne ++ Eilmeldung++: Die Küken (doch Rotkehlchen) sind wech … einfach so ausgeflogen! Und dann bekam ich die Meldung, dass meine Labor-Schwester heute das erste Mal gebellt hat! Wir waren noch kurz auf dem Platz und nun ist Schlicht im Schacht!

LG, euer Alf mit Anhang!

Donnerstag, 28. Mai. Juhuuu! Heute früh ist Onkel wieder zum Spaziergang gekommen. Mann, haben wir verrückt gespielt. Volles Rohr, pure Hundefreude! Habt ihr eigentlich schon gewusst, dass ich ein Handwerker bin? Bin ich aber! Hab beim Möbel zusammenbauen geholfen und mich immer schön vor die Menschenfüße gestellt, gelegt oder gelaufen. Pfote mit auf den Schraubendreher und fertig! Langsam mache ich so Welpendinger. Muddis Lippenpflege schnappen und drauf kauen. HDMI Kabel schnappen und drauf kauen. Da hat die Muddi so einen Anschiss vom Papi bekommen, tat mir fast leid. Beleidigt sein kann ich auch, aber nicht lange. Wir waren noch auf dem Platz zusammen. Das war toll. Ich bin ordentlich rumgebeagelt! Hope war auch da. Die drei Mädels haben ordentlich Party gemacht! Küssis, euer Alf.

Freitag, 29. Mai. Urlaub finde ich gut! Heute wieder im Rudel unterwegs gewesen. Alles war gut, bis die Schnuckenherde aufgetaucht ist. Ich wollte nur weg. Dabei waren die ein großes Stück von uns weg. Ich bin echt abgehauen. Der Papi und Hetty sind dann im Dauerlauf hinter mir her ... 800 m später konnte ich gestoppt werden! Sogar Ute (Schäferin) hat das gesehen und hat hinter mir her telefoniert! Dann hatte ich noch Fan-Besuch. Viele Streicheleinheiten und wenig Bonbons. Dann war mein Best Postman da und hat mein neues totschickes EM-Keramik-Zeckenhalsband gebracht. Hier ist heute fix was los!
Nachmittags ist Heidi gekommen und wir sind eine Runde gegangen, war uns aber noch zu warm. Nun chillen wir ein bisschen und vielleicht gehen wir später noch mal. Und dann schicken wir noch positive Energie an Patentante Maja. Also erstmal Tschüss, euer Alf.

Samstag, 30. Mai. Oh, nee du ... es fing alles so gut an! Pille, kuscheln, Vorfrühstück, pullern, kuscheln, anziehen und loooos. Wir sind gar nicht weitergekommen. Ständig haben meine Leute andere getroffen. Stell dir vor, die beschnuppern sich gar nicht, sondern umschleichen sich nur mit Abstand. Na ja, egal für mich. Ich habe heute Stufe II erreicht, sagt der Papi. Gestern wollte ich alleine nach Hause flitzen. Heute hab ich das Schnüffeln entdeckt. Muddi hat das manchmal mit Bonbons im Garten mit mir gespielt. Aber das ist langweilig. Da werde ich zum Rüsselmonster mit tausend Watt und ohne Filter!

Die Nachmittagsrunde war okay. Wir haben Blacky, einen Labbimix getroffen und ein Reh. Als wir nach Hause kamen, war die Muddi ganz aufgeregt. An unserer Wand hängt ne Fledermaus, aber die hat viel kleinere Ohren als ich! Und außerdem ist die zu früh aufgestanden.

Ich wünsche euch prima Pfingsten, euer Alf.

Sonntag, 31. Mai. Leider hat der kleine Batman es nicht geschafft. Die Muddi hatte schon alles für einen Tagesgast vorbereitet ... schade. Heute am Sonntag war Besuch von Papis Rudel da. Der roch wie der Papi und hat so geredet. Und er hat mir ein Schweineohr mitgebracht. Am Ende hat Hetty es mir geklaut! Dem Onkel latsche ich brav hinterher. Sogar nachmittags um 14.00 Uhr, bei sengender Hitze und Mionen Leuten im Gelände! Aber das war nicht meine Zeit. Ich brauche meine Ruhephasen. Und ich fühle mich bei 20 Grad am wohlsten. Nun liege ich endlich in meinem Körbchen. Gitta, danke für die Blumen in Mienenbüttel! Küsse, euer Alf.

Kapitel 5: Der Mutige

Montag, 1. Juni. Boah, Leute ist mir warm! Ich weiß nicht wohin und überhaupt. Ich habe fünf Jahre klimatisiert gelebt. Jetzt muss ich das erstmal lernen mit Sonnen- und Schattenplätzen, oder lieber rein? Auf den kühlen Fliesen liegen. Die Muddi sagt, das lerne ich in diesem Jahr alles. Meine Menschen haben ja auch Sonnen-, Schatten-, und Drinnenplätze, und draußen mit Dach. Ich bleib mal an dem Papi kleben. Der findet schon den richtigen Platz für uns. Aber lieber mit dem Wetter kämpfen, als jemals wieder im Labor leben!
Wir werden nochmal auf den Platz fahren, wenn es kühler wird. Da können wir uns dann ein bisschen austoben. Habt einen schönen Abend im Freien, euer Alf.

Dienstag, 2. Juni. Heute war es ganz verrückt hier. Wir sind mit der Muddi aufgestanden, aber der Papi nicht. Wir haben dann alles gemacht wie immer und dann war die Muddi wech! Als der Papi dann aus dem Nest kam, wurde es noch merkwürdiger. Er ist mit dem Ding (Fahrrad), das im Garten steht aus der Pforte und ist wie ein Pfeil verschwunden. Wir waren draußen ... und ich war so verdattert, ich hab kaum gebrüllt. Und schwuppdiwupp war er wieder da. Mit lecker Brötchen. Mag ich gerne, also Brötchen.
Die Muddi kam erst nachmittags wieder, und dann kam auch schon der Menschenwelpe. Sie hat uns mit Wasser gequält. Da steht ein riesiger Napf im Garten, da sitzt die drin! Nicht schön ... wir haben uns verkrümelt. Aber dieses Ding ist mir

nicht geheuer. Später waren wir noch auf dem Platz. Aber viel zu warm heute.

Schönen Abend, euer Alf.

Mittwoch, 3. Juni. Es ist schon wieder so warm! Wir konnten die Muddi überzeugen, nur 45 Minuten zu gehen oder schleichen, mit Zunge raus. Nach unserem Frühstück liegen wir jetzt vollgefressen im Garten rum. Hetty liegt hinterm Holz, Richtung Wald. Tessa am liebsten im Loch unterm Kirschlorbeer. Und ich? Ich wandere noch zwischen vorne auf den Steinen und hinten.

Oh, mein Papi hat uns sooo lieb! Er hat sich ein Tattoo für uns gemacht. Eine Hand, die eine Pfote hält. Ich habe heute wieder lecker Erdbeeren gegessen. Hunde dürfen die essen. Dann haben meine Schwestern auch ihre EM-Keramik-Zeckenhalsbänder bekommen. Die sehen auch toll aus. So, nun ist es ungemütlich draußen geworden. Es regnet und donnert. Macht mir nichts aus, also Donner und Regen schon … da wollen wir auch nicht los. Ich schnarche lieber im Wohnzimmer. Mal sehen, wann wir heute gehen. Um 19.00 Uhr sind wir los und es war herrlich! Sogar mit nassem Bauch. Hab noch paar Kumpels getroffen, toller Abschluss. Küssi an alle, euer Alf.

Donnerstag, 4. Juni. Wir haben heute mal ausgeschlafen. Mit Zwischenstopp um 6 Uhr und nochmal um 8 Uhr. Jedenfalls sind wir trocken unsere Runde gegangen, bisschen später war dann Land unter. Ich fand es cool, diese weißen kleinen Bonbons zu futtern, die mir vor die Pfoten gefallen sind. Hagelkörner, sagt die Muddi. Aus der Liegekuhle ist ein See geworden. Was soll man bei so einem Wetter machen? Schlafen! Ist doch klar! Die Nachmittagsrunde war kurz und schrecklich, nass von allen Seiten.

Und dieses Abtrocknen hinterher … Die Muddi sagt, wie gut, dass es kein Geruchstelefon gibt. Hier riecht das prima nach drei nassen Hunden! Mehr gibt es heute nicht zu erzählen. So, rollt euch genauso ein, wie ich es heute mache! LG, euer Alf.

Freitag, 5. Juni. Wir hatten heute voll Glück mit dem Wetter bei der Morgenrunde. Schietwetter und Hitze mag ich nicht gerne! An einem Freitag bin ich hier angekommen. Muddi sagt, jeder Freitag ist ein kleiner Geburtstag und ich bin ein Teil des Ganzen. Ich vertraue meinen Menschen voll und ganz, sogar das Rüsselmonster ist ungefährlich. Genau wie alle anderen Dinge hier. Außer Quark. Quark ist böse! Die Muddi hat 500 g auf mich fallen lassen. Na ja, bin ihr wieder zwischen den Füßen rumgelaufen. Kühlschrank war ja auf. Sonst war nichts los heute. Morgen bekomme ich Damenbesuch. Amy kommt mit ihrem Rudel!
Hab euch lieb, euer Alf.

Samstag, 6. Juni. Schön gemütlich Vorfrühstück gemacht und Kaffee getrunken! Muddi sagt, wir sind die besten Faulpelze der Welt. So, ich habe sogar ganz viel Besuch gehabt, sogar aus Berlin. Die Mama von Lilly und Fee war da. Amys Eltern waren auch hier, sogar mit Linus, Frieda und Amy. Wir waren als Riesenrudel mit sechs

Hunden unterwegs. Das war ganz toll! Frieda ist schon gaaaanz alt. Die wurde im Bollerwagen spazieren gefahren. Den haben wir uns ausgeliehen von den Nachbarn. Danach haben wir alle einen Zahnputzer bekommen und uns sogar beim Futtern vertragen. Eine Aufregung hier. Nun muss ich mich erstmal erholen von dem ganzen Trubel.
LG, euer Alf.

Sonntag, 7. Juni. Tja, heute Morgen hatte ich noch einen Menschen mehr zum Kuscheln. Die Steffi, aber erst nachdem ich aus Muddis Bett ausgestiegen bin. Wir haben Pause gemacht, Vorfrühstück und dann los. Aber es war wiedermal alles voller Leute im Gelände. Deshalb haben wir uns durch den Wald geschlagen. War auch gut. Später waren alle Menschen weg und wir alleine. Endlich konnten wir unser Schläfchen machen. Wir haben nicht mal mitbekommen, dass Tante und Onkel kamen. Die Nachmittagsrunde war okay, nur noch Radfahrer. Ich konnte gar nicht schnell genug zu meinem Zahnputzer kommen!
So, das war mein Sonntag. Euer Alf.

Montag, 8. Juni. Ach, das war ein aufregendes Wochen-ende! Und nun ist wieder alles wie immer. Der Papi ist heute früh verschwunden und ich habe lange hinter ihm hergeschaut, aber nicht geweint. Später musste die Muddi auch zum Dörrfleisch verdienen. Wird schon wieder knapp! Der Onkel ist mit uns gegangen, damit die Muddi einfach verschwinden kann. Wir waren aber lieb, alles heil und sauber geblieben. Zur Belohnung waren wir mal wieder auf dem Platz. Ich hab mich voll gefreut, wie ihr sehen werdet. Habt einen schönen Feierabend, euer Alf.

Dienstag, 9. Juni. Guten Dienstagmorgen zusammen! Heute war voll was los! Das Morgenritual war ganz normal und richtig. Dann sind wir vier losgezottelt. Als erstes haben wir Brax, einen Münsterländer Opi getroffen und geklönt. Etwas später dann Berry, den Schäferhundgroßvater. Die Muddis haben so lange geklönt, dass wir uns schon auf die Straße gelegt haben zum Schlafen. Dann konnte ich endlich meinen Berg runterpesen und überhaupt. Plötzlich hat die Muddi voll laut gebrüllt. Ich glaube, Tessa ist vor Schreck ins Gebüsch gesprungen. Dabei war da nur ein Reh! Die Muddi wieder, tztzzz. Plötzlich dachte ich, uns fällt der Himmel auf den Kopf. Sooo ein Lärm. Das war ein Hubschrauber im Tiefflug. Der hat mir Angst gemacht. Kaum hatten wir das hinter uns, kam schon wieder was hinter uns aus dem Unterholz. Das war ein stinkendes, lautes Quad. Echt, der Tattergreis darauf hat uns fast übersehen! Bin froh, lebend in meinem Bau angekommen zu sein. Uuund endlich was zu futtern. Danach noch schnell die Näpfe kontrollieren! Erstmal Pause machen.
Die Muddi ist sowieso zu unserem Dörrfleisch-Dealer gefahren und hat ihr Gehalt auf den Kopf gehauen. Heute Nachmittag haben wir wieder Gott und die Welt getroffen und erfahren, dass ich gequält werde, weil ich so belle, wie ich eben belle! Die wollten schon die Beaglepolizei zu uns schicken, anstatt zu klingeln und zu fragen! Habe unterwegs

wieder einigen Leuten ein Lächeln ins Gesicht gezaubert. Bin eben ein Sonnenstrahl!

So, beaglige Grüße. Euer Alf.

Mittwoch, 10. Juni. Heute war die Muddi den ganzen Tag weg. Aber der Papi hat wieder dieses Homofiss gemacht, da darf ich nicht stören ... nur rumliegen. Ab nachmittags bin ich immer wieder kucken gegangen, wo die Muddi bleibt. Irgendwann kam sie dann doch und war ganz erschöpft. Ich kenne das ja, als ich noch im Labor arbeiten musste ... Schönen Abend, euer Alf.

Donnerstag, 11. Juni. Es ist Donnerstag und es regnet ganz doll. Und das Spazierengehen macht nicht so viel Spaß. Von dem blöden Fake-Frosch-Quaken am Teich lass ich mich auch nicht mehr reinlegen! Denkste Puppe, nicht mit mir!

Stückchen weiter, wurde es dann doch beängstigend. Ein riesiges, stinkendes und lautes Bus-Ungetüm kam hinter uns her und ist an uns vorbeigerumpelt. Ich hatte voll Schiss! Aber die Muddi hat mich da langsam mit viel reden und Käse vorbeigelockt. Die Muddi hat gesagt, das sind nur wieder Filmarbeiten ...

Zu Hause angekommen, mussten wir ganz doll abgerubbelt werden. Ich hab ja Schwammfell. Mein Handtuch war am nassesten. Nach dem Frühstückstisch haben wir uns schön eingerollt und geschlafen. Eigentlich wollte ich ja heute nichts schreiben ... ABER, ich werde wohl ein Filmstar! Auf meiner Runde war immer noch die Filmcrew.

Schönen Abend, euer Alf.

Freitag, 12. Juni. Beaglepolizei! Das ist ein Fall für die Beaglepolizei! Das mach ich nicht mehr mit, nöö! Immer wenn ich alleine in der Wackelkiste sitze, muss ich zum Dokta. Heute war ich wieder bei Dokta André. Wieder unter diese Maschine. Röntgen, heißt das. In meinem Bauch ist ja immer noch das Gerät. Das ist noch aus meinem alten, schmerzhaften, fiesen und traurigen Leben. Der Dokta André ist ja ganz lieb, aber mir gefällt das alles beim Tierarzt gar nicht! Der Papi durfte nicht mit rein. Eine Frau hat mich weggetragen. Ich bin wieder nach innen gegangen. Die Muddi sagt, meine Seele verschwindet aus meinem Körper. Ich sehe dann ganz anders aus. Ich lag ganz still beim Röntgen. Sowas kennen die da nicht ... ich leider zu Genüge. Die Verkapselung ist nicht größer geworden. Im Dezember muss ich wieder hin, aber nur für meine Menschen. Die Muddi ist ganz glücklich. Die anderen Beaglemuddis auch, deshalb machen wir jetzt doch das Buch. Die Muddi sagt, ein Netzwerk ist wichtig. Man muss sich gegenseitig helfen, das ist auch Tierschutz!

Meine Tabletten wurden etwas erhöht. Sonst ist alles gut. Und dann kam der Hammer! Ich musste in die Autowaschanlage, war voll unheimlich. Aber die Muddi hat mich gehalten. Papi sagt, bei Gewitter hört sich das auch so an im Auto.

Die Menschenwelpen vom Nachbarn haben uns prima mit Bonbons vollgestopft! Manche haben sie im Gully und so versteckt. Ich bin da nicht ran gekommen mit meinem Detektorrüssel. Muddi schon, ohne Rüssel ... schade. Papi ist mit uns noch zum Platz gefahren. Austoben mit Yambo.

Die Muddi hat das Röntgenbild bei Facebook gepostet und hat viel Ärger deshalb bekommen! Solange es böse Mächte gibt, müssen wir vorsichtig sein. Ich will ja bei meiner Familie bleiben … So, war anstrengend heute!
Einen dicken, feuchten Hundekuss. Euer Alf.

Samstag, 13. Juni. Gestern durfte ich mit im Bett schlafen, weil ich so einen harten Tag hatte! Tierarzt und so … Aber irgendwann konnte ich die Muddi nicht mehr trösten und bin in mein Körbchen geklettert. Nach unserer Wochenend-Morgenroutine, also ein Stück Dörrfleisch und zwei Tassen Kaffee, sind wir los. Die Polizei war im Gelände. Jaa, da staunst du! Gestern hab ich die Beaglepolizei gerufen und heute war sie da! Aber nicht wegen mir, nöö! Da hat einer am „Stein der Weisen" an meiner Bank ein Feuer gelegt. Ja, die wollten meinen Wald abbrennen! Wie gut, dass es die (Beagle)Polizei gibt! Danköö, netter Herr Polizei!
Später kam unser Welpe zu Besuch und wollte mit uns spazieren gehen, wir aber nicht. Waren ja erst.
Schönen Abend meine Lieben, euer Alf.

Sonntag, 14. Juni. Heute Morgen ist Penny zum Spaziergang hergekommen. Das Wetter war gut für uns, nicht viel los im Gelände. Leute, dann hab ich was erlebt! Ich war soo erschrocken und bin gleich ein gaaanzes Stück zurückgegangen. Penny wollte doch tatsächlich Lilly und Lola vermöbeln! Sowas hab ich ja noch nie erlebt, Weibers … So ein Lärm um nix, da halte ich mich mal raus (Nix passiert!). Zu Hause hat der Papi schon mit Frühstück gewartet. Das fand ich prima. Nun erstmal ein Verdauungsschläfchen halten. Heute war ein absoluter Chilltag, hab mich von einer auf die andere Seite gedreht und mich kraulen lassen. Die Abendrunde haben wir dann mit dem Papi gemacht. Jetzt hatten wir unseren Zahnputer und liegen faul auf dem Rasen.

So ihr Lieben, schönen Sonntagabend. Euer Alf.

Montag, 15. Juni. Heute Morgen war es wieder richtig früh. Wir mussten zeitig hoch. Die Muddi musste wieder zur Arbeit. Onkel ist gekommen und gleich mit uns losgestratzt. Was ham wir vergessen? Mein Käsestück mit Pille um 8.00 Uhr. Wir mussten dann umkehren … nix mit großer Runde! Die Muddi hat gesagt, wir Laboris sind besonders geschützt. Es gibt EU-Richtlinien (zur Haltung von Labortieren) für uns, sagt sie. Na, wenn ich dadurch mehr Bonbons und Bettzeit kriege, ist das auch gut! Die Muddi sagt, wir sind noch gut dran.

Endlich ist die Muddi gekommen. Nach einem Begrüßungstänzchen konnten wir schön rein und raus, alle Türen offen, herrlich! Später als der Papi da war, hab ich ihm beim Rasenmähen geholfen. Ja, ich hab die Höllenmaschine verfolgt, bisschen gruselig war es. Musste fix ut de Büx vor Aufregung. Bei der Abendrunde haben wir wieder Rehe getroffen. Die Großen waren ganz zappelig. Ich mach ja mit, auch wenn ich nicht genau weiß wobei. Papi hat laut das „Das ist verboten!"-Kommando gerufen und wir standen stramm wie die Zinnsoldaten! Ich hab mich wie verrückt auf meinen Zahnputzer gefreut. Auf dem Sofa hab ich mich dann bei Muddi zwischen den Beinen eingerollt. Gemütlich, sie hat mir gefehlt.

Macht es jut, Leute. Euer Alf.

Dienstag, 16. Juni. Heute waren wir wieder mit dem Papi alleine. Dieses tolle Homofiss! Mein Wächterjob in leise, sozusagen. Unterwegs waren wieder Rehe. Ich stehe so da wie die Mädels. Kopf und Rute in die Luft und schnüffeln. Weiß gar nicht wozu und mach da auch nur kurz mit. Als die Muddi vom Dörrfleischgeld sammeln kam, hab ich sie erstmal wie wild gekuschelt und bebeaglehaart. Stellt euch vor, dabei hat sie meine erste Zecke (OMG!) gefunden und gezogen … an meinem Schniedel!

Meine Labori-Schwester Lucy ist schon weiter als ich, die hat sich gestern prima in Gülle oder so gewälzt. Kann ich noch nicht (Muddi sagt: „Eeiinnn Glück!"). Die Abendrunde machen wir erst, wenn es kühler ist.

Also das war es dann für heute, euer Alf.

Gestern Abend sind wir noch eine schöne Runde gegangen. Wir waren Enten kucken. Tessa wollte am liebsten ins Wasser. Das ist aber definitiv nix für mich! Meine andere Labori-Schwester Amy geht richtig ins Wasser.

Oh menno, das war schon voll spät, als wir zurückkamen. Juhuu! Zahnputzer mit Beaglebellalarm! Ach, das Leben kann so schön sein!

Küssis, euer Alf.

Mittwoch, 17. Juni. Heute beim Guten-Morgen-Kuscheln wäre ich fast vom Sofa gefallen! Ich liebe es ja, mir wie Pippi Langstrumpf die Welt verkehrt herum anzusehen. Ich hänge kopfüber vom Sofa und zappel rum. Die Muddi muss dann zusehen, wie sie mich hält, damit ich nicht mit dem Kopf auf den Boden knalle. Das ist ein schönes Spiel für mich. Nachmittags ist dann der Opa gekommen und hat Taschengeld gebracht. Ich kauf mir Bonbons davon. Muddi sagt, aber nur wenige. Der Rest ist für die nächste Blutuntersuchung, voll doof!

Am Abend waren wieder viele Jogger unterwegs. Aber so richtig Lust hatten wir sowieso nicht.

Schönen Abend, euer Alf.

Donnerstag, 18. Juni. Heute Morgen war es ganz prima! Die Muddi hatte Zeit für uns. Nach dem Kaffee und dem Dörrfleisch sind wir losgezogen. Ich war so glücklich! Ich liiiebe es, weichen Sand unter meinen Pfötchen zu spüren. Da könnte ich den ganzen Tag Beagleflitzen machen. Jippie! Hin und her, rauf und runter. Da flattern meine Ohren im Wind! Nach dem Frühstück konnten wir schön draußen liegen. Die Mama von Lilly und Lola war hier, aber ohne ihre Mädels. Ich bin ja da. Plötzlich, potzblitz – auf einmal war Gewitter! Das gefällt mir gar nicht mit dem Donner und so. Da hab dann lieber in den Keller gepinkelt. Ich will ja nicht nass werden! Tja, heute wird es wohl keine Abendrunde geben … Wir ratzen lieber auf dem Sofa. Bis dann, euer Alf.

Freitag, 19. Juni. Der Papi ist doch tatsächlich noch mit uns gegangen. Die Muddi ist nicht mitgekommen, die musste schon wieder Dörrfleisch verdienen. Wenn das aber so weitergeht, will ich kein Dörrfleisch mehr! Wir waren schon alle im Nest, als sie endlich von der Arbeit kam. Wir waren ganz leise, kein Happy Dance ... Nee, wir waren ja auch müde! Es war ja schon Mitternacht.

Morgens war das Wetter immer noch nicht schön. Wir hatten erst gar keine Lust loszugehen. Aber die Muddi wollte unbedingt. Apropos, Muddi ... Es gibt ja die Beaglepolizei. Heute hätten wir aber die Modepolizei gebraucht! Im Wald waren riesige Pfützen. Igitt, da musste ich durch. Mit meinen Pfoten! Da musste ich gleich pieschern. Jetzt haben wir uns wieder eingerollt. Zum Glück ist das Rüsselmonster schon durch. Um 18.00 Uhr sind wir nochmal zusammen zum Platz gefahren. War nichts los. Bis das Rasenmonster gebracht wurde. Endlich mal jemand, der mich streichelt. Beaglmänner haben es schwer. Ach, unser Leben ist nicht leicht. Zum Glück sind wir eine tolle Familie!

Liebe Grüße, euer Alf.

Samstag, 20. Juni. War ne harte Nacht! Aber nicht für mich. Lag beim Papi im Bett und habe mich sowas von breitgemacht. Im Bett erreiche ich doch glatt die Größe eines Bernhardiners! Die Mädels mussten nachts zweimal raus. Dafür haben wir morgens verlängert. Wir sind mit dem Papi alleine unterwegs gewesen, und der hat mich doch tatsächlich durch eine Pfütze gelockt. Bin voll reingelegt worden! Nur weil ich so gut gehorche. Alles nass … Bauch, Beine, Po!

Die Abendrunde war vom Wetter ganz nach meiner Schnauze. Nicht zu warm und nicht zu kalt. War ein prima kleiner Familienausflug. Das wars auch schon wieder für heute.

Bis denne, euer Alf.

Sonntag, 21. Juni. Guten Morgen, guten Morgen, guten Morgen Sonnenschein … laalalaalaalaa … Sonntag und früh aufgestanden. Erstmal ausgiebig kuscheln und knuddeln und zweimal Vorfrühstücken. Die Muddi ist auf uns reingefallen. Jippie! Heute ist wieder schönes Wetter und wir haben eine Verabredung. Die Sonntagsrunde mit Penny und Leila. Die doofe Leila hat mich wieder geschnappt! Die alte Buffy ist jetzt im Hundehimmel. Sie kommt nicht mehr mit in den Wald. Es waren natürlich wieder viele Leute unterwegs, aber alles war okay. Die Mädels sind alle in den großen Pfützen baden gegangen. Ich nicht, bin am Pfützenrand stehen geblieben, sonst werden meine Kronjuwelen ja nass! Geht mal gar nicht! Und dieses Grasen verstehe ich auch nicht. Immer muss ich warten … langweilich …

Auf der Abendrunde habe ich was zu essen gefunden. Na, da hab ich aber Mecker gekriegt! Die Muddi hat mir das sofort hinten aus dem Maul geholt. Dabei waren das doch nur Bonbons! Ich darf nichts vom Boden essen, wie blöde. Macht es gut Leute, euer Alf.

Montag, 22. Juni. Heute früh ist Onkel wiedergekommen. Muddi ist wieder zu diesem Arbeiten. Stellt euch vor, sie hat heute Melone verdient. Mit ohne Kerne, natürlich. So süß und saftig ... yummy, legger! Die Großen mögen kein Obst. Eben keine Gurmähs ... oder wie das heißt.

Ach herrje! Ich habe heute wieder in den Vorkeller gekackt. Weiß auch nicht, was das soll. Natürlich habe ich keinen Ärger bekommen. Hoffentlich war das kein epileptischer Anfall. Wir warten noch ein bisschen mit der Abendrunde. Soll ja ne heiße Woche werden.

Ich sag schon mal Tschüss für heute, euer Alf.

Dienstag, 23. Juni. Tante und Onkel haben Urlaub und freuen sich auf die Morgenrunde mit uns. Muddi hat sich auch gefreut. Sie wollte Kräuter sammeln, da braucht sie beide Hände, hat sie aber nicht. Falschen Weg gegangen. Es war sehr schön heute Morgen. Zu Hause nach dem Frühstück haben wir das gute Wetter genossen. Mussten wir auch. Es gab Rüsselmonster und Wischmops-Alarm ... Später kam Besuch.

Damit wir Ruhe geben, gab es ein Kauteil. Hetty hat meins geklaut. Als ich es wiederhaben wollte, hat sie voll rumgezickt! Bin dann petzen gegangen. Muddi hat das für mich geklärt. Ich soll auf meine Sachen aufpassen, sagt sie. Toll, ich bin viel kleiner! Bis der Papi kam, haben wir nur rumgelungert. Um 19.00 Uhr sind wir dann auf den Hundeplatz gefahren. Endlich mal Kumpels treffen. Mein Buddy Yambo war auch da, cool. Morgen kommen Onkel und Tante wieder, weil die Muddi muss wieder arbeiten. Voll

doof …
Ganz liebe Grüße, euer Alf.

Mittwoch, 24. Juni. Morgenkuscheln, Kaffee und Vorfrühstück sind das Schönste am Morgen. Boah, die Muddi musste dann wieder weg. Zum Glück sind Onkel und Tante für uns da. Wir sind eine Riesenrunde gegangen. Mann, waren wir erledigt! Als die Muddi kam, hatte sie kaum Zeit zum Kuscheln. Sie wollte lieber in diese Pfütze, wo nur ihr Kopf rauskuckt. Ich hab über den Rand geschaut, hatte aber die Befürchtung, ich soll auch in die Pfütze. Da bin ich lieber gegangen. Die Großen betreten das Wasserzimmer sicherheitshalber gar nicht.
Dieses Wetter macht uns zu schaffen. Wir liegen nur rum. Hetty und Tessa irgendwo im Gebüsch, ich vor der Haustür. Der Papi hat sich erbarmt und ist mit uns zum Platz gefahren. Dann Zahnputzer und Feierabend. Es steht ein aufregendes Wochenende bevor!
LG, euer Alf.

Donnerstag, 25. Juni. Papi hatte heute wieder diesen Homofiss hier. Der hat sich auf der Terrasse breitgemacht, Frechheit! Nach dem Morgenritual mit allem, sind Tante und Onkel gekommen. Heute hat die Muddi auch ihre Blüten sammeln können. Sie braucht noch mehr! Das war uns morgens schon viel zu warm zum Gehen. War nicht viel los mit uns. Tessa hat sich in eine Pfütze gelegt. Zu Hause angekommen, mussten wir sogar draußen still sein. Dieser Terrassen-Homofiss! Ich konnte den ganzen Tag dann nur rumliegen. Zum Bewegen zu warm. Abends sind wir noch schnell ne Rude auf den Platz. Pünktlich zum Zahnputzer wieder da gewesen! Puuhhh, es ist 21.00 Uhr und noch immer 26 Grad!

Bis dahin, euer Alf.

Freitag, 26. Juni. Ich hab heute Jubilum! Ich wohne jetzt schon fünf Monate in meinem „Für-immer"-Zuhause. Party, heute ist Party! Der Papi hat Geburtstag und dann kommt mein Cousin Toni, der ist frisch in Deutschland angekommen. Wir sind alle gespannt. Der darf hier schlafen. Es ist schon wieder sehr heiß. Bin froh, wenn ich ein kühles Plätzchen finde. Heute habe ich für mich die Kühldecke entdeckt.

So, der Garten ist voll mit Menschen, zehn Leute und vier Hunde. Zur Feier des Tages haben wir heute Muddis selbstgemachtes Melonen-Quark-Hundeeis bekommen. Toni hat gleich an die Hauswand dreibeingepinkelt! Der hat voll Ärger von Muddi bekommen! Die Mädels norden ihn auch ein. Mal sehen, was heute noch passiert.

Erstmal Tschüss, euer Alf.

Samstag, 27. Juni. Gestern hatte ich ja auch Jubilum! Ich wohne jetzt seit fünf Monaten hier bei meiner Familie. Es ist unglaublich viel geschehen in dieser Zeit. Meine Labor-schwestern Amy, Feli und Lucy haben die gleiche rasante Entwicklung gemacht. Unser neues Leben ist so wunderbar! Ach, ich werde schon wieder sentimental … Gestern durfte ich wieder im Bett schlafen. Meine Menschen suchen immer ne Ausrede dafür. War viel Trubel, ich könnte – eventuell – einen Anfall bekommen. Egal! Is toll im Bett! Der Toni, mein Cousin, hat ja hier geschlafen. Dieses Mal hat er in die Küche gekackt. Muddi war gar nicht begeistert. Sowas schon vor ihrem geliebten Kaffee! Toni und ich sind voll die Kumpels. Hetty und Tessa haben Angst, dass der bleibt. Ich nicht. Er kommt aus Bosnien und war eineinhalb Jahre im Heim. Er sagt, das ist nicht wie Labor. Die Menschen waren nett dort.

Der Spaziergang war kurz, denn es war schon sehr warm um 9.00 Uhr. Später hat die Muddi das Rüsselmonster rausgelassen. Ich, voll relaxed, natürlich aufm Sofa geblieben! Der Toni, ogoddogott, hin und her und rein und raus. Ist voll gut, wenn man nicht mehr der Neue ist! Nun liege ich auf meiner Kühlmatte und chille. Toni kriegt immer Ärger, wenn er zu vorlaut ist. Ich schlender einfach an Tessa vorbei, obwohl sie in ihrer herrschaftlichen Sandkuhle liegt. Ich darf das ja jetzt. ER nicht.

Als Tonis Leute kamen, war erst wieder ein bisschen Theater. Hat sich aber schnell beruhigt. Danach lief alles ganz relaxed. Als der große Regen mit Lärm kam, sind wir auf der Terrasse schön zusammengerückt. Toni in meinem Draußen-Körbchen, ich auf meinem Fell … Komisch ohne Toni.

Schönen Abend Gemeinde, euer Alf.

Sonntag, 28. Juni. Toni fehlt mir. Bin ganz komisch, sagt die Muddi. Sie sagt, es geht um. Dieses von Freunden weg ist ein anderes weg wie im Labor. Dazu humple ich auch

noch. Rechter Vorderlauf. Vertreten oder versprungen. Musste schon Arnika-Kügelchen nehmen (Unter die Lefze geschoben). Muss mich heute bisschen ausruhen. Unsere Abendrunde haben wir jetzt abgetrödelt. Wenn ich auf Drehzahl komme, bin ich kein Humpelkumpel mehr, sondern ein Rennbesen! Morgen kommt wieder dieser Montag, also früh aufstehen.
Schlaft gut, euer Alf.

Dienstag, 30. Juni. Der Papi war gestern mit auf der Morgenrunde. Onkel und Tante auch. Muddi war Dörrfleisch verdienen. Sind voll die große Runde gegangen. Danach ist der Papi weg und kam mit Dörrfleisch zurück! .Boah, guter Papi! Nachmittags hatte der Opa zum Geburtstag geladen und stellt euch vor, es gab nix! Gar nix, nur Wasser. Ob ich da nochmal hingehe? Aber der Weg hin und her war gut. Straßen, Häuser, Vorgärten … viel zu schnüffeln. Heute ist das Wetter nicht so schön und die Muddi ist lamweilich. Wieder dieses Knochending. Auf der Morgenrunde haben wir Ute gehört, also die Herde, zum Glück musste ich da nicht hin.
Den restlichen Tag hab ich eigentlich nur liegend oder drinnen verbracht. Muddi sagt, das ist gut für mein Humpelbein … und ihre Knochen. Um 19.00 Uhr bin ich mit meinen Kumpels Yambo, Calliou und Hope verabredet, aber es nieselt. Ich als Zuckerschnute könnte mich auflösen! Hoffentlich bis bald, euer Alf.

Kapitel 6: Der Sesshafte

Mittwoch, 1. Juli. Guten Mittwochmorgen! Aufstehen, kuscheln, Kaffee trinken und Vorfrühstück. Dann sind Onkel und Tante mit einer großen Tüte Dörrfleisch gekommen. Dafür bleibt die Muddi auch den Rest der Woche zu Hause, sagt sie. Auf der Runde haben wir Berry getroffen, bin gleich zu ihm hin. Netter alter Opi. Mittags hat Muddi dann Steffi mitgebracht und Melone. Nachdem ich vor ihr fliehen konnte, war der Tag noch ganz gut. Abends waren wir alle zusammen auf dem Platz. Da hab ich ihr erstmal gezeigt, was ein Beaglemann so kann! Danach Zahnputzer und Ruhe im Karton.
Ich wollte mit in Muddis Bett schlafen, durfte ich auch. Die ganze Nacht sogar. Steffi hat ja hier geschlafen, und da konnte ich dann gleich Besitz von ihr ergreifen.
Gute Nacht und schöne Träume, euer Alf.

Donnerstag, 2. Juli. Die Morgenrunde war gut. Mehr Menschen als Hunde. Keine Fotos, nur laber, Rhabarber und son Mist! Zu Hause angekommen, fix gefrühstückt uuuunnd Fotosession mit Steffi! Die ist bisschen beagleverrückt! Na ja, hab das Geküsse überlebt! Nachmittags konnten wir nicht los. Zu viel Regen. Nun sind wir bei Onkel und Tante. Hab gleich in den Keller gepieschert und das Altpapier ausgeräumt und geschreddert. Tja, dumm gelaufen für Onkel und Tante! So, nun machen wir erstmal Party und fressen den neuen Nachbarn!
Liebe Grüße, euer Alf.

Freitag, 3. Juli. Cool, heute ist wieder der Homofiss da! Dieses Mal aber oben und nicht auf der Terrasse. Auf der Morgenrunde haben wir ein Reh getroffen. Das blieb seelenruhig stehen und äste, komisches Wort. Na ja, jedenfalls stand das einfach in der Pampa rum. Wir haben uns ganz vorbildlich verhalten. Wir haben alle nur gekuckt. Heute bin ich beim Rumbeaglen wieder in ein Loch getreten. Jetzt humpel ich wieder doller. Die Muddi massiert mein Bein, das tut gut. Ich springe ja auch mit vollem Karacho vom Sofa und lande nur auf den Vorderpfoten. Mein rechtes Pfötchen ist sowieso nach außen verdreht. Da war auch immer die Kanüle drin. Die Ader ist auch ganz knubbelig. Wahrscheinlich hab ich durch die Fixierung einen verdrehten Fuß, glaubt die Muddi. Werden wir wohl nie erfahren …
Auf dem Hundeplatz war es ganz okay. Ich soll ja mein Bein schonen. Aber wenn ich flitze, ist nix los!
Schönen Abend, euer Alf.

Samstag, 4. Juli. Hab wieder gemütlich mit im Bett gepennt. Bin dann auch als Letzter aufgestanden. Und dann, krawumms vom Bett gesprungen. Uuunnd, ich humpel wieder! Muddi hat mal ne Elastikbinde drumgetüddelt. Ich hab gespeichelt wie verrückt … also keine Option. Ewig fummeln die an mir! Rumdrücken, drehen, dehnen und machen, was weiß ich mit meinem Bein. Da muss man doch auch humpeln! Echt Muddi, krieg dich wieder ein! Dann hat sie noch versucht, einen Pfotenabdruck zu machen. Ja, nee is klar! Da kann man nen Rorschachtest damit machen, aber sonst zu nichts zu gebrauchen! Muddi, Muddi, trink mal lieber einen Kaffee!

Es ist ekliger Nieselregen und wir haben abgestimmt. Die Muddi darf zu Hause bleiben und Essen machen. Wir wollten auch hierbleiben. Der Papi kann ja auch mal ohne uns gehen! Wollte er aber nicht. Na gut, dann latschen wir eben mit. Dabei ist es in der Küche gerade so gemütlich. Also, bis Morgen und passt auf euch auf! Euer Alf.

Sonntag, 5. Juli. Ausschlafen und Frühstück im Bett, bestehend aus Käse und Pille! Heute ist Penny hergekommen zum Spazieren. Wetter war beaglegut! Nicht zu warm und trocken. War nicht viel los unterwegs. Danach habe ich Penny noch zum Essen eingeladen. Sie ist ja sehr wählerisch. Unser Essen scheint ihr aber zu schmecken! Später hab ich mich im „King-Size"-Körbchen entspannt. Musste sein. Bein braucht Ruhe. Nachmittags war viel los im Gelände und ich war froh, als es Richtung Zahnputzer ging. Nun lassen wir den Sonntag ausklingen.

Habt einen schönen Restsonntag, euer Alf.

Montag, 6. Juli. Yee-haw! Es ist Montag! Früh aufstehen, kuscheln und Vorfrühstück. Mit Onkel durch die Pampa, frühstücken und pennen bis Muddi wieder da ist … wie schön! Nu, is sie da und alles ist gut. Das Wetter lässt echt zu wünschen übrig. Wind, Regen und kühl. Da muss ich schon fast meinen Mantel anziehen. Wir hatten heute ganz seltenen, besonderen Besuch. Die Patentante von Hetty und Tessa war da. Ich hab mich gleich von meiner besten Seite gezeigt. Sie konnte leider nur kurz bleiben. Schade, aber die Bonbons haben wir aufgefuttert! Nun ist der Papi eine Runde mit uns über den Segelflugplatz gegangen. Da finde ich das richtig, richtig gut! Serpentinen rauf und runter. Bremsen, zurückpesen und Vollgas voraus!

Die Ruhe tat mir gut. Ich humpele kaum noch. Viel zu erzählen hab ich heute nicht.

Bis die Tage, euer Alf.

Dienstag, 7. Juli. Unser Morgen war ganz entspannt. Keiner musste sich beeilen, also haben wir gemütlich ne Tass Kaff getrunken und unser Vorfrühstück genossen. Trotzdem sind wir 8.10 Uhr vom Hof marschiert. Muddi sagt, in der Ruhe liegt die Kraft. Nun denn, ich flitze ja lieber! Mein Bein wird immer besser. Auf dem Rückweg musste ich an die Leine. Hier ist mal wieder so ein Blindfisch durchs Gelände gerast! Zu Hause mussten wir dann die Aufmerksamkeitsübung machen. Voll doof. Muddi hat Tessa noch den Bart geschnitten. Arme Tessa.

Ich hab euch noch gar nicht erzählt, dass mich der Beagle im Spiegel nicht mehr interessiert, oder? Nöö, brauch den nicht mehr! Heute waren zwei nette, fremde Frauen hier. Die haben mich gekuschelt. Eigentlich wollten die was von Muddi. Schwupps, vergessen! Am Nachmittag war wieder Bootcamp mit Papi angesagt. Die Muddi ist lieber auf dem Sofa geblieben. Wir mussten wie die Elefanten Frühpatroullie vom Djungelbuch exerzieren: „Yes Sir, Colonel Papi?" (… wenn die Frühpatroullie naaaht, geht es weiter

Karmaraaad! Zwischen Berg und Tal, schmettert der Koral!).
Liebe Grüße, euer Alf.

Mittwoch, 8. Juli. Alles wie gewohnt. Ne, doch nicht! Ich
gehe nicht mehr mit ins Wasserzimmer. Ich bleibe oben im
Flur vor der Treppe liegen. Ey, an mir kommt keiner vorbei!
Dann wie immer Kaffee & Co. Und humpeln kann ich wie
Käpt'n Hook. Leider vergesse ich das bisweilen … doofer
Beagle, ich! Die Runde war ganz prima entspannt. Onkel war
auch mit. Die Muddi war so verpeilt wegen dem Disteln-
knipsen. Hat sie mich vergessen. Egal! Später war ich mit im
Keller, Wäsche machen. Auf einmal wurde ich wimmerig
und unruhig. Bin sogar in dieser Demutshaltung rum-
gekrochen und hab bisschen gepullert. Da hat die Muddi
mich schnell nach oben getragen.
Ich muss mal mit Eckhard Kretschmer reden, ob mich das
wie XT41 an den Raum der Schmerzen erinnert? Hmm …
Muddi sagt, das sind ganz fiese Flashbacks. Aber ich bin
trotzdem traurig. Meine kleine Hundeseele hat viele Narben.
Muddi sagt, wir kucken nach vorne und nicht nach hinten.
Sie ist sooo schlau! Bei der Nachmittagsrunde war ich wieder
komplett ausgelassen und bin beaglegeflitzt wie verrückt.
Kein Wunder, dass mein Bein immer wieder humpelt.
So ihr Lieben, das war es für heute.
Gruß und Kuss, euer Alf.

Donnerstag, 9. Juli. OMG, was für ein Morgen! Erst ist
Tessa auf ihren High Heels immer vor Muddis Bett hin und
her. Tippel, tippel, tippel … sie kann auch leise! Jedenfalls

musste sie raus. Terrier-Magen eben. Die Muddi hat sich auf dem Rückweg ins Bett einen Kaffee und mich geschnappt. Zack, nochmal in die Kiste! Dann hat es natürlich auch noch geregnet. Also draußen, nicht drinnen. Aber nein, anziehen Vorfrühstück und los. Dabei hatten wir alles schon im Garten erledigt. Mal ehrlich, wer geht bei so einem Wetter spazieren? Wohnungshunde, aber nicht Haushunde! Das begreift sie aber irgendwie nicht, die Muddi. Inzwischen liegen wir alle perfekt verteilt im Wohnzimmer rum. Als der Papi kam, hat er uns nochmal vor die Pforte gelockt. Zum Glück nicht sooo lange. Also, fix nach Hause. Abrubbeln, Zahnputzer und einrollen. Was für ein ereignisloser Tag. Ganz liebe Grüße, euer Alf.

Freitag, 10. Juli. Heute ist wieder der Homofiss da! Hab ihn vom Gästebett aus beobachtet. Soll vorne anfangen. Dabei ist doch immer dasselbe los. Pullern, Kaffee, Vorfrühstück … bla, bla, bla. Regen! Keine Lust. Und wir MUSSTEN los. Nach dem Frühstück bin ich wie gesagt auf Wachposten gegangen. Die Mädels haben es sich auf dem Bett gemütlich gemacht. Erst als der Homofiss weg war, sind wir alle runtergegangen. Eventuell was abstauben. Nachmittags wurde es doch noch trocken. Wir sind noch auf den Hundeplatz gefahren. Hat Spaß gemacht mit den Kumpels zu laufen und rumzubeaglen. Aber nach Hause kommen ist am allerbesten.
Liebe Grüße, euer Alf.

Samstag, 11. Juli. Gestern sind wir spät schlafen gegangen, deshalb konnten wir heute länger liegen bleiben. Es schien sogar die Sonne. Hab ich gleich ausgenutzt! Nach unserem Dörrfleisch mit Kaffee haben wir die Runde vor dem ersten großen Schauer geschafft. Ich hab mal wieder laut gepöbelt, weil mein Essen noch nicht an meinem Platz stand! Die Muddi ist voll fies. Wir müssen dann noch länger warten. Sie sagt, so ein Benehmen duldet sie nicht! Aber ich bin nur noch Haut und Knochen und leide! Futterspenden an Alf, den Beaglemann nach Hause! Stellt euch vor, wir werden heute abgeschoben zu Tante und Onkel. Na, da werde ich schon Mitleid ernten! Der Papi ist mit uns fix nochmal zum Platz. Einmal auspowern, danach wurden wir bei Tante ausgesetzt. Mitten in der Nacht wurden wir abgeholt. Ich wollte gar nicht mehr los. Tante musste mich in die Wackelkiste tragen.
Sodele, bis morgen. Euer Alf.

Sonntag, 12. Juli. Sonntag musste Muddi erstmal ausschlafen. Trotzdem haben wir noch unsere Sonntagshunde getroffen. Danach haben wir den vierten Geburtstag von den Mädels gefeiert. Als Bruder ist das cool! Da kriegt man was ab. Zum Glück ist das Wetter schön und wir können draußen feiern. Die Abendrunde war ganz schön. Gutes Wetter, wenig Menschen. Wir haben Pilze gefunden, aber ich weiß nicht wozu. Jetzt genießen wir noch die letzten Sonnenstrahlen im Garten. Das war alles für heute. Dicken Drücker, euer Alf.

Montag, 13. Juli. Montag ist immer unser Turbotag! Da muss alles fix gehen. Ist zwar nicht die feine, englische Beagleart, aber da muss ich durch! Wenigstens gibt es Vorfrühstück mit Dörrfleisch. Die Muddi will ja zur Arbeit. Heute war sie gar nicht lange weg. Da konnten wir das gute Wetter im Garten genießen. Nachmittags hab ich noch beim Rasenmähen geholfen. Das Rasenmonster ist ne Lachnummer! Später sind wir noch zum Tobeplatz gefahren. Das war mal wieder schön. Jetzt wird es aber auch Zeit für meine Pille.

Bis Morgen, euer Alf.

Dienstag, 14. Juli. Heute ging alles etwas gemächlicher los. Entspannt kuscheln, Kaffee und mein sehnlichst erwartetes Vorfrühstück. Erinnert ihr euch noch daran, dass ich nicht durch den kleinen Wald wollte? Sogar in einer IKEA-Tasche wurde ich da durchgeschleppt! Tja, heute bin ich immer Erster, immer vorne weg! Jaa, so verändert sich das Leben. Apropos ändern, ich darf niemanden anspringen! Besonders die Muddi nicht. Wie soll sie denn merken, dass bzw. was ich von ihr will, hää? Da hilft auch maulig im Körbchen liegen nicht! Stört sie aber nicht. Endlich Ruhe, sagt sie. Außerdem ist sie so stur wie 14 Beagle, oder so.

Is nieselig heute. Vormittags war es noch schön. Nun ist „Drinnen-Bleib"-Wetter. Eigentlich! Aber wir mussten mit zum Platz. Wir sind ja nicht aus Zucker, obwohl ich das bei mir bezweifle!

Zuckersüßen Feierabend. Euer pitschnasser, sich langsam auflösender Showhumpler, Alf!

Mittwoch, 15. Juli. Heute war hier null Komma nix los! Die Muddi musste nochmal arbeiten, und zwar gaanz lange. Aber wie haben Zuhause keinen Quatsch gemacht. Später ist der Papi dann mit uns zum Platz. Kumpels treffen.
So, das war alles für heute. Euer Alf.

Donnerstag, 16. Juli. Donnerstag … was ist denn heute los? Schon wieder Homofiss! Ich bin aber liegen geblieben bis die Muddi aufgestanden ist. Dann haben wir schön gemeinsam Kaffee getrunken. Nach dem Vorfrühstück sind wir alle zusammen los. Heute ist die Brut- und Setzzeit rum. Hetty und Tessa mussten das gleich ausnutzen und ne Runde drehen. Unterwegs haben wir dann die Morgenrunde getroffen. Fast alle sind schwarz-weiß, außer Raika und Pumba. Und die alte Wilma ist schon 16 Jahre alt, genau wie Frieda. Die wohnt aber nicht hier, zwei Krückstock-omas! Wir sind alle zusammen ein Stück gegangen. An der großen Pfütze haben wir uns wieder getroffen. Ich gehe aber nicht ins Wasser. Das ist mir unheimloch! Wollte doch am Anfang über eine Pfütze laufen … und die hat mich gefressen! Plumps, ins Loch! Nööö, nicht mit mir! Uui, heute musste ich die Muddi im Auge behalten. Nicht dass sie wieder weg verschwindet. Uui, heute haben wir neue Hunde auf dem Platz kennengelernt. Tessa war hin und weg von den beiden Mädels. Na ja, für mich alle ne Nummer zu groß … oder zwei. Endlich wieder zu Hause und mit dem Zahnputzer schön gemütlich auf dem Rasen liegen. Heute ist mein Lieblingswetter.
Habt einen schönen Abend, euer Alf.

Freitag, 17. Juli. Jippie! Alle zu Hause gemütlich aufgestanden und chillig unser Morgenritual abgespult. Danach sind wir alle Mann zusammen los. Am Ende bin ich wieder der Einzige, der gehorcht. An der Pfütze haben wir dann wieder die Morgenrunde getroffen. Hab wieder ordentlich Bonbons abgestaubt. Hetty und Tessa waren nass und dreckig und mussten deshalb draußen frühstücken. Ich hatte heute zwischen Homofiss, Rüsselmonster, Wischmops und Kollegaas viel zu tun! Der Nachmittagsspaziergang durch den Wald war gut. Nun schlafe ich in meinem Draußenkorb. Bis Morgen und süße Träume, euer Alf.

Samstag, 18. Juli. Leute, ich wusste schon, warum ich um 4.00 Uhr unbedingt aufstehen wollte! Aber nicht nur ich, alle sollten aufstehen! Wollte aber keiner, dann eben nicht! Als wir dann eeennndlich aufgestanden sind und startklar waren, war der Spaziergang voll gut. Als wir bei der Pfütze ankamen, hatte ich schon auch Durst. Da war die Muddi so clever und hat Bonbons ins Wasser geworfen. Eigentlich dürfen wir vom Boden nichts nehmen. Aber Wasser ist kein Boden, oder? Na ja, war jedenfalls gar nicht schlimm, sondern toll! Wollte gar nicht mehr raus. Opa sagt, ich hab jetzt mein Hundeseepferdchen, jaaa! Brauche noch ein Abzeichen fürs Geschirr und Halsband. Keine Abendrunde dafür Hundeplatz. Leute, fünf Hundeweiber auf einem Haufen! Und so Riesige auch noch! Ne, da bleibe ich lieber bei meinen Menschen liegen. War trotzdem gut. Hab für einen kurzen Moment mit Ruby gespielt. Die Schwester heißt Paula. Sind

139

beide nett.

Dicken Knutscha für euch. Euer Bademeister, Alf.

Sonntag, 19. Juli. Sonntags ist gut. Und sogar das Wetter. Also aufstehen, Morgenritual und mit der Sonntagshunde-Runde treffen. Wir sind dann alle zusammen zur Pausenbank gegangen. Hetty und Tessa müssen ja immer alleine ihre Runden drehen. Die Muddi sagt, ich bin ein Alibihund mit drei Leinen. Auf dem Rückweg sind wir an zwei Pfützen vorbeigekommen. In die eine gehe ich nicht. Vielleicht sind da Untiefen, Strudel oder Monster drin. In der anderen war ich. Layla ist wie ein weißer Blitz durchs Wasser und hat mich nassgespritzt. Und dann haben meine Kronjuwelen das kalte Wasser berührt. Da hab ich gekuckt wie Penny vorher! Den Rest des Tages haben wir entspannt hinter uns gebracht. War ja viel zu warm. Abends gab es dann nur eine kleine Runde.

Nachti, euer Alf.

Montag, 20. Juli. Uuunnd, schon wieder Montag! Früh aufstehen. Die Muddi muss zur Arbeit ... aber nur kurz. Geregnet hat es auch. Einer von uns hatte schon wieder Bauch und ganz fürchterlichen Durchfall. Zum Glück passierte es im Wasserzimmer auf den Fliesen. Muddi rät: „Tessa oder Alf?" Die Muddi hat das einfach weggemacht und nicht geschimpft. Ich bin extra mit hochgegangen, aber sie sagt, das ist ein guter Ort, wenn ich nicht anhalten kann. Nun scheint die Sonne und wir liegen draußen.

Erinnert ihr euch noch an meine Freundin, die Beaglemama

von Lilly & Fee? Die hat jetzt auch so eine Seite wie ich. Da geht es um NAT, also quasi wie die Welt ohne diese Tierquälerei durch Tierversuche wäre.

Die Abendrunde hat der Papi wieder mit uns gemacht und prompt den großen Fuchs gesehen. Deshalb durfte Tessa nicht frei laufen. Der Papi sagt, wir müssen gut auf mich aufpassen. Sonst holt er mich, also der Fuchs. Ohjee, zum Glück bleibe ich immer bei Papi.

Bis bald, euer Alf.

Dienstag, 21. Juli. Heute früh ist der Onkel wiedergekommen. Der geht mit uns eine ordentliche Runde. Muddi musste ja wieder los. Tessa hat ja immer noch Durchfall und bekommt nur Morosche Suppe! Mittags ist Petra zum Einhüten und Rauslassen gekommen. Wir haben uns voll gefreut. Ich hab mich gleich über sie geworfen, weil sie hatte Bonbons dabei. Dann hab ich mich neben sie aufs Sofa geknallt und einen abgeschnarcht.

Als die Muddi kam, hatte sie gar keine Zeit. Tessa hat wieder ins Wasserzimmer gemacht. Aber das war auch das letzte Mal. Alles ist wieder gut. Dann kam der Opa, aber wir durften keine Leckereien haben. Plöde Tessa! Dafür hat Muddi wieder Kauzeug bestellt. „Sponsored by Opa", ob das wohl schmeckt? Später waren wir auf dem Platz bei den Jungs. Dann nach Hause, Zahnputzer und Schicht im Schacht!

Bis denne, euer Alf.

Mittwoch, 22. Juli. Heute früh haben wir um 8.00 Uhr an der Pforte auf Onkel gewartet. Natürlich erst nach dem Vorfrühstück! Der kam aber nicht. Der soll immer Spätschicht haben, büdde! Na, dafür waren wir mit Muddi in der Heide spazieren. Da sind schöne beagleflitzige Sandwege. Da hab ich voll meinen Spaß und die Mädels viel zu schnüffeln. Zum Glück ist Tessa wieder gesund.
Nachmittags waren wir wieder auf dem Platz. Ich saß auf dem Reifen wie Majestix auf dem Schild, sagt Christian so schön. In diesem Sinne …
Bis denne, Prinz Alfix.

Donnerstag, 23. Juli. Heute ist wieder der Homofiss bei uns. Ich geh gar nicht mehr mit nach oben. Heute nach dem Vorfrühstück war wieder mal ne Rudelrunde dran mit doofer Aufmerksamkeitsübung. Da müssen wir still sitzenbleiben und doof glotzen! Was das wohl soll? Ich zappel trotzdem hin und her. Heute kam mich mein Best Postman besuchen. Pascha, sagt er zu mir. Stellt euch vor, es gibt Hunde, die nicht nett zu ihm sind. Wir schon! Heute hat sich das in der Küche rumlungern wieder nicht gelohnt. Fällt nix runter, menno!
Abendrunde sind wir wieder alle zusammen. Tessa muss immer einmal abdüsen. Die Muddi ist dann immer saurig. Alle anderen müssen das dann auch aushalten. Menno, Tessa! Mach das doch wie ich … nicht weiter als zwanzig Meter weg, lern das mal endlich! Na ja, wenigstens ist sie schnell wieder da. Also Zahnputzer vom Papi und Ruhe is. Küsschen, euer Alf.

Freitag, 24. Juli. Freitaaaag! Vor genau sechs Monaten bin ich hier eingezogen. Es war kurz nach 11.00 Uhr. Direktlieferung, vom Labor! Ich konnte und kannte gar nichts. Inzwischen bin ich ein selbstbewusster, fröhlicher Hund geworden. Es ist ein großes Glück, in einem Rudel zu leben. Und ich habe euch da draußen! Durch eure Anteilnahme an meinem Leben helft ihr uns, das ganz bewusst zu erleben! Tja, mein größter Fortschritt in letzter Zeit, war ins Wasser zu gehen. Heute Morgen gab es trotzdem nix extra. Nur normal, Vorfrühstück und so. Wetter ist heute ja nicht so gut. Nutzt ja nix …

Heute kam das tolle Paket, Ibo hat es gebracht. Da waren die „Sponsored by Opa" drin. Und was ich bekommen habe, war schon mal legger! Nachher treffen wir Ruby und Paula auf dem Platz. Machen wir wieder Party!

So, nun haben wir Überstunden auf dem Platz gemacht. War aber schön mit den ganzen Mädels. Ruby und Paula waren so aufdringlich, da hab ich geknurrt! Haut ab, ihr doofen Weibers! Jawoll, das allererste Mal ever!

So, nun gehts nach Hause zum Zahnputzer und aufs Sofa. Küsse, euer Alf.

Danksagung:

An Volker, meinen Fels in der Brandung. Lieben Du!
Den Mahnwächtern/Mahnwächterinnen in Mienenbüttel,
insbesondere Gitta, die mich getröstet hat.
Uschi, für die liebevolle Pflege der Pflanzen und Deko
sowie Peter, den Lichtermann.
Susa, Anja, Tamara, Claudia, Silke, Petra und Maja danke
ich, für viele tolle Gespräche. Sowie den Menschen, die uns
dort versorgt haben!
Die „Geschwister Fürchterlich" (Ohana), die uns
immer unterstützt haben. Onkel und Tante von ganzem
Herzen. An alle FB-Follower von Alf und allen
Freunden, die mir Mut zugesprochen haben.
Menschen, denen ich sonst nie begegnet wäre wie
Steffi Hohenberger, die ihr Herzblut in dieses Projekt
gesteckt hat. Knutscha für dich. PS: Sie hat das Skript
redigiert. Also ihre Fehler, nicht meine!
Bestseller-Autorin, Mignon Kleinbek, die mir den letzten
Tritt gab.
Und zu guter Letzt, Dr. A. Mischke vom
Kleintierzentrum in Harsefeld.

Ohne euch wäre Alf nicht hier … und das Buch auch nicht.

Dankeschön, Regina.

Zeitfracht Medien GmbH
Ferdinand-Jühlke-Straße 7
99095 Erfurt, Deutschland
produktsicherheit@kolibri360.de